Dieser Band erscheint mit freundlicher Unterstützung
der Ostdeutschen Sparkassenstiftung
im Freistaat Sachsen gemeinsam mit
der Sparkasse Freital-Pirna

Hans-Günther Hartmann

Barockgarten Großsedlitz

Edition Leipzig

Frontispiz: Oberes Orangerieparterre im Morgennebel

Die Deutsche Bibliothek – CIP Einheitsaufnahme
Ein Titeldatensatz für diese Publikation ist bei der Deutschen
Bibliothek erhältlich.
ISBN 3-361-00550-7

© 2002 by Edition Leipzig.
Edition Leipzig ist ein Unternehmen der Verlagsgruppe Dornier.
www.dornier-verlage.de

Umschlag und Layout: Atelier für grafische Gestaltung, Leipzig
Reproduktionen: Förster & Borries, Zwickau
Druck: Westermann Druck, Zwickau
Printed in Germany
Gedruckt auf alterungsbeständigem Papier mit chlorfrei
gebleichtem Zellstoff.
Die Schreibweise folgt den Regeln der neuen Rechtschreibung.

Inhaltsverzeichnis

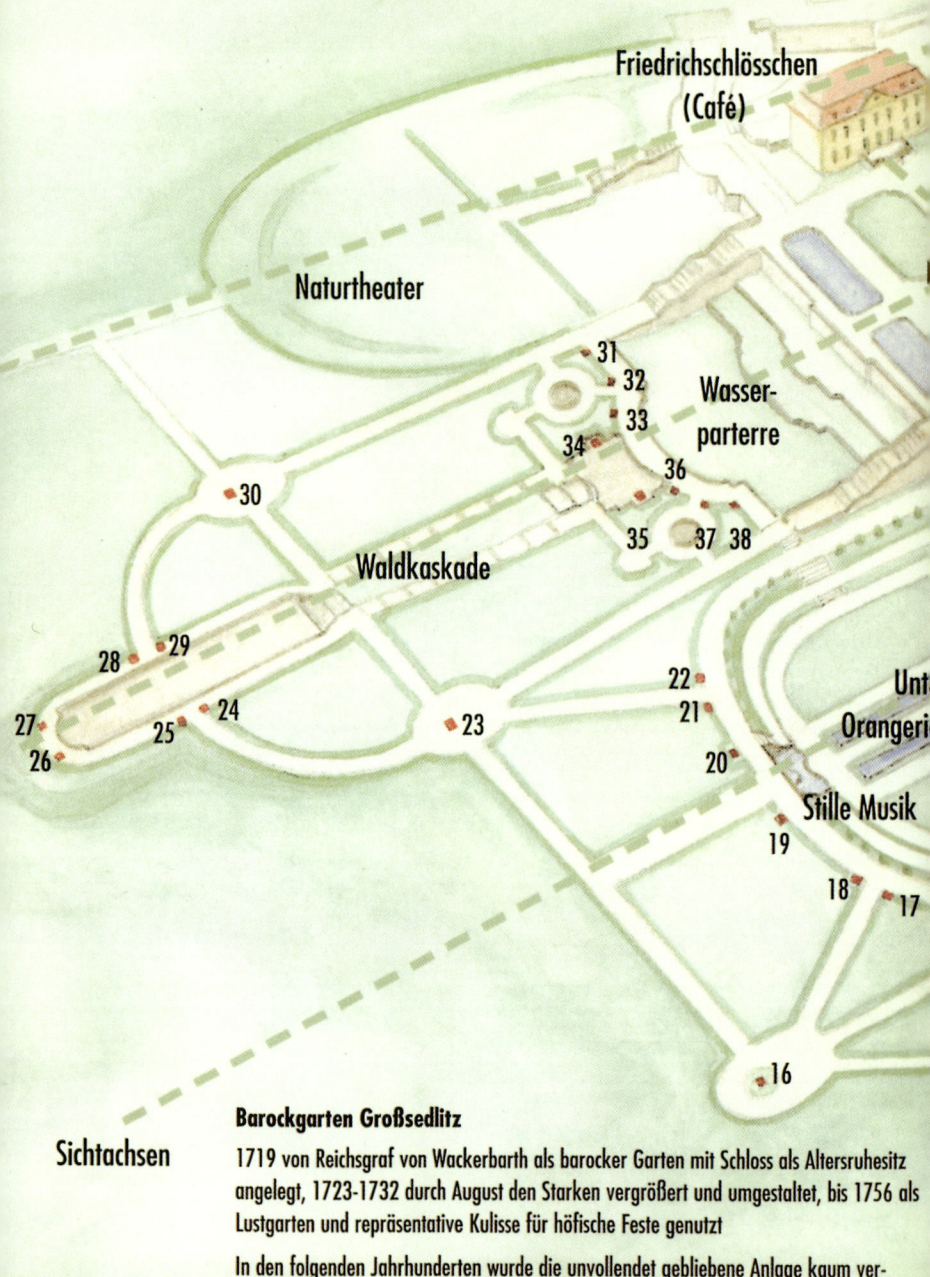

Friedrichschlösschen
(Café)

Naturtheater

31
32

Wasser-
parterre

33
34
36

30

Waldkaskade

35   37 38

28   29

22
21

Unt
Orangeri

27
26

25   24

23

20

Stille Musik

19

18   17

16

Sichtachsen

Barockgarten Großsedlitz

1719 von Reichsgraf von Wackerbarth als barocker Garten mit Schloss als Altersruhesitz
angelegt, 1723-1732 durch August den Starken vergrößert und umgestaltet, bis 1756 als
Lustgarten und repräsentative Kulisse für höfische Feste genutzt

In den folgenden Jahrhunderten wurde die unvollendet gebliebene Anlage kaum verändert und gehört heute nach umfangreichen Erhaltungs- und Pflegemaßnahmen zu den
markantesten Gärten in Deutschland. Sie ist im französischen Stil mit den Besonder-
heiten des sächsischen Barocks der augusteischen Epoche angelegt.

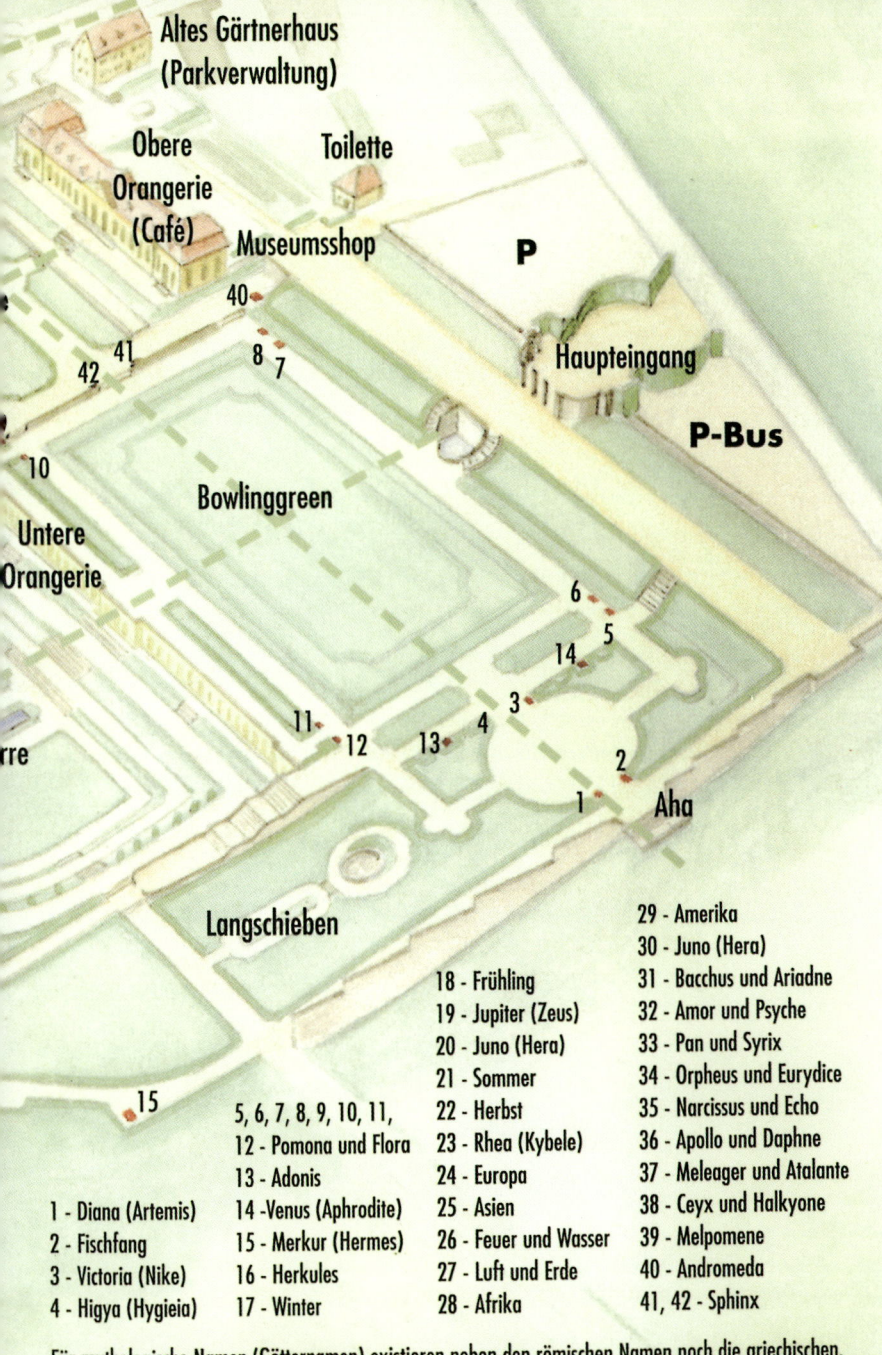

Altes Gärtnerhaus
(Parkverwaltung)

Obere
Orangerie
(Café)

Toilette

Museumsshop

P

40

8
7

41

42

Haupteingang

P-Bus

10

Bowlinggreen

Untere
Orangerie

6

5

14

11

12

3

13   4

2

1   Aha

Langschieben

15

5, 6, 7, 8, 9, 10, 11,
12 - Pomona und Flora
13 - Adonis
14 -Venus (Aphrodite)
15 - Merkur (Hermes)
16 - Herkules
17 - Winter

18 - Frühling
19 - Jupiter (Zeus)
20 - Juno (Hera)
21 - Sommer
22 - Herbst
23 - Rhea (Kybele)
24 - Europa
25 - Asien
26 - Feuer und Wasser
27 - Luft und Erde
28 - Afrika

29 - Amerika
30 - Juno (Hera)
31 - Bacchus und Ariadne
32 - Amor und Psyche
33 - Pan und Syrix
34 - Orpheus und Eurydice
35 - Narcissus und Echo
36 - Apollo und Daphne
37 - Meleager und Atalante
38 - Ceyx und Halkyone
39 - Melpomene
40 - Andromeda
41, 42 - Sphinx

1 - Diana (Artemis)
2 - Fischfang
3 - Victoria (Nike)
4 - Higya (Hygieia)

Für mythologische Namen (Götternamen) existieren neben den römischen Namen noch die griechischen.
Die letzteren sind in Klammern hinter den römischen Name gesetzt.

Was man wissen sollte

Öffnungszeiten April bis September
täglich von 8 bis 20 Uhr
Oktober bis März
täglich von 8 bis 16.30 Uhr

Besucherservice Eintritts- und Veranstaltungskarten
erhalten Sie an der Tageskasse am
Parkeingang.

Der Souvenirverkauf befindet sich im Ostpavillon der
Oberen Orangerie.
Weitere Auskünfte zu allen Angeboten werden vom
Staatlichen Schlossbetrieb Barockgarten Großsedlitz,
Parkstraße 85, 01809 Heidenau erteilt.
Tel.:   (35 29) 56 39-0
Fax: (35 29) 56 39-99
E-mail: barockgarten@compuserve.de
Internet: www.barockgarten-grosssedlitz.de

Parkeintritt wird von April bis Oktober erhoben,
November bis März Eintritt frei

Führungen nach Anmeldung und sonn- und feiertags
15 Uhr

Veranstaltungen Parkkonzerte und Veranstaltungen
nach jährlichem Veranstaltungskalender

Vermietungen Anmietung von Räumlichkeiten in der
Unteren und der Oberen Orangerie für
Firmenveranstaltungen und Familien-
feiern möglich.

Eheschließungen in der Oberen Orangerie
Anmeldung über Standesamt Heidenau
Tel.: (0 35 29) 57 10

Gastronomie	Zu Kaffee und Eis, aber auch zum Mittagstisch lädt Sie herzlich Q-LINAR in das Cafe in der Oberen Orangerie sowie ins Friedrichschlösschen ein. April bis Oktober geöffnet Tel.: (0 35 01) 77 42 19
Anreise	Mit der S-Bahn Strecke Dresden–Pirna–Bad Schandau–Schönau bis Haltepunkt Heidenau Großsedlitz, von dort zu Fuß 20 Minuten bergauf entsprechend der Wandermarkierung. Mit dem PKW/Bus auf der B 172 bis Heidenau oder Pirna und weiter entsprechend der Ausschilderung. Der Parkplatz befindet sich am Haupteingang.

English summary: Großsedlitz Baroque Garden

Enjoy a pleasant stroll through the king's most beautiful garden!

The landscaping of the garden grounds was started in 1719 under Imperial Count August Christoph Wackerbarth according to plans drawn up by Johann Christoph Knöffel.

Frederick Augustus I, Elector of Saxony, also known in his capacity as King of Poland as Augustus II and referred to as Augustus the Strong, enjoyed this garden and bought the grounds. Because of the demands of his court and stately needs, the original plans had to be revised by Matthäus Daniel Pöppelmann and Zacharias Longuelune. The landscaping work was stopped in 1732.

The garden layout was inspired by French and Italian styles. Although it was left unfinished, it is deemed to be one of the most original and perfect examples of German Baroque garden landscaping. It is also considered to be the most superb of Augustus the Strong's gardens.

Sunny lawns alternate with shady, secluded spots. A special charm is created by the high-quality sandstone figures from the Permoser school which reflect the high-point of 18th-century Saxon sculpture. The lower orangery parterre, providing the most beautiful »green festival hall« is adorned in the summer months by small orange trees from Tuscany. A variety of playful fountains and water jets enliven the garden grounds. The historically-styled flower beds present a cheerful interplay of colours.

The two orangery buildings are used in summer for events and exhibitions. A café in the upper orangery offers an enticing choice of gastronomic delights. Over the cold months the lower orangery provides a shelter for the Southern tub plants.

This garden which once served the court nobility as grounds for their parties and festivities is now open to a quiet tourism and visitors can benefit from its refreshing tranquillity and beauty.

How to get to Heidenau Großsedlitz

by train   (suburban railway) along the Dresden–Pirna–Bad Schandau line to the stop named Heidenau-Großsedlitz. From there, follow the signs along the footpath

by car   along the B 172 trunk road to Heidenau or Pirna and follow the signs from there. The car park is at the main entrance to the grounds.

Opening   from April to September:
hours   daily from 8 a.m. to 8 p.m.
from October to March:
daily from 8 a.m. to 4.30 p.m.

Guided tours through the park (in English also)
from May to September on Sundays and holidays at 3 p.m., starting point at main entrance

For more information, please contact:
Staatlicher Schlossbetrieb
Barockgarten Großsedlitz
Parkstraße 85
D-1809 Heidenau

Phone: 00 49/35 29/5 63 90
Fax: 00 49/35 29/56 39 99
E-mail: barockgarten@compuserve.de
Website: www.barockgarten-grosssedlitz.de

Park in der Landschaft

Park in der Landschaft

Linke Seite: Luftaufnahme mit Blick auf das U-förmige untere Orangerieparterre

Nahe der Stadt Pirna berühren sich drei selbstständige Landschaften:

Das Elbsandsteingebirge im Osten, die Dresdener Elbtalweitung im Norden und die Abdachung des Erzgebirges im Süden. Am Nordrand der Letzteren liegt über einem etwa 100 Meter über dem Elbspiegel aufwachsenden Steilhang der Barockgarten Großsedlitz, eingebettet in die Hochfläche eines sanften Hügellandes. Von hier öffnet sich östlich der Blick über die Tafelberge der Sächsischen Schweiz, während er nach Norden frei über das vom Borsberg beherrschte Elbtalgebiet um Pillnitz schweift: In dieser exponierten Lage ist der Schlüssel zum Verständnis des Parkes zu suchen, wurde er doch als Gesamtkunstwerk auf jene Landschaften bezogen und durch Blick-

Blick vom Dach des Friedrichschlösschens über den Barockgarten Großsedlitz nach Pirna-Sonnenstein und zur Sächsischen Schweiz

achsen mit ihnen verbunden. Freilich blieb der Garten ein Torso; dennoch gilt er als eine der besterhaltenen Anlagen seiner Art in Deutschland: eine unsymmetrische, von italienischen und französischen Vorbildern beeinflusste Schöpfung, die auch in Barockparks sonst nicht übliche erhebliche Höhenunterschiede der Parterres aufweist. Dabei nutzten die Architekten das fallende Terrain meisterhaft zum Anlegen terrassierter Gartenräume, deren hervorragende maßstäbliche Verhältnisse von zeitgleichen Ensembles der französischen Gartenkunst kaum übertroffen werden.

Pirna als Tor zum Elbsandsteingebirge, Schloss Pillnitz als gelungenes Ensemble des Zusammenspiels von Landschaft und Menschenwerk, die alte Burgstadt Dohna und das urige Schloss Weesenstein im Müglitztal wirken mitsamt der Großsedlitzer Parkschöpfung als Perlen in jenem Landschaftsgefüge. Während aber unten im Elbtal lautstark hektisches Treiben herrscht, liegt oben auf der Hochfläche seit fast 300 Jahren das barocke Gartenkleinod

Frühling im oberen Orangerieparterre

Park in der Landschaft

still in einer lieblichen Natur und entfaltet zu jeder Jahreszeit den Zauber seiner natürlichen Ausstrahlung, die die Künstler immer wieder zu vielfältigen Interpretationen bewegte.

Winterstimmung am Bowlinggreen

Am Anfang steht eine 1723 von Johann Alexander Thiele geschaffene Tuschzeichnung, die den Garten im Zustand vor seiner Übernahme durch August den Starken zeigt; es folgen im 19. Jahrhundert Lithographien, deren Abschriftcharakter sie den damals aufkommenden Erinnerungsblättern zuordnet. 1897 wählte Carl Bantzer Großsedlitz als Studienort für die jährlichen Mal- und Zeichenübungen seiner Studenten, während am Beginn des 20. Jahrhunderts die individuell-schöpferische Darstellung des Parkensembles einsetzte. Um 1905 stellte der »Brücke«-Mitbegründer Fritz Bleyl seine noch vom Art Nouveau

Friedrichschlösschen mit großer
Freitreppe. Federzeichnung von Ernst
Hassebrauk, um 1965. Nachlass

beeinflussten Frauengestalten vor die Balustraden und
Bassins. Wenig später gab Ludwig Godenschweg winter-
liche Alleen des Parks mit straff geführter Kalter Nadel
wieder, und in den Zwanzigerjahren entdeckte Erich
Buchwald-Zinnwald den Garten für seine disziplinierten,
das Topographische betonenden Gemälde. Seit etwa 1950

16   Park in der Landschaft

Spaziergang in Großsedlitz. Gemälde
von Hans Körnig, 1956. Privatbesitz

spürte dann das vitale Temperament Ernst Hassebrauks
mit Stift, Feder und Pinsel den innersten Zusammen-
hängen von Park und Landschaft nach. Diesen modernen
Ausdeutungen einer vergangenen Welt setzte Hans Körnig 1956 den hintergründigen Humor seines Gemäldes
»Spaziergang in Großsedlitz« entgegen; Wilhelm Rudolph

Erinnerung an Großsedlitz. Aquarell
von Hermann Naumann, 1996.
Privatbesitz

fand 1981 mit seinen Federzeichnungen von Skulpturen
der Anlage eine Form, die Klage um den Verfall mit
Schönheit verbindet. Die im freien Farbenrhythmus angelegten Kompositionen von Hermann Naumann stellen
dagegen poetische Umsetzungen dar, in denen die Phä-
nomene der Natur gleichsam symbolische Stenogramme
der realen Erlebnisse bilden. Freilich führte die eigenartige
Melancholie der Großsedlitzer Anlage nicht zu solcher

Park in der Landschaft

Faszination, wie sie das in unterschiedlichen Zeiten und Stilepochen entstandene Moritzburger Ensemble auf den »Brücke«-Expressionismus ausübte. Dennoch finden auch Künstler der jüngeren Generation in Großsedlitz Anregungen für ihr Schaffen, wobei die Werke in Auffassung, Stil und Technik stark differieren. So mischt sich im Werden dieser Kulturlandschaft ihre Ursprünglichkeit mit dem formenden Wirken des Menschen: Im goetheschen Sinne »geprägte Form, die lebend sich entwickelt«, spiegelt sie einen rhythmischen Prozess wider, in dem ihr Wesen begründet liegt.

Dorf und Rittergut

Die Anfänge des Dorfes Großsedlitz reichen in slawische Zeit zurück. Gegen Ende des 6. Jahrhunderts war das seit der Völkerwanderungszeit fast unbesiedelte Elbtal von den aus dem böhmischen Raum kommenden Sorben bevölkert worden. In der nun zum Gau Nisane umgewandelten Talwanne gründeten die sorbischen Siedler zahlreiche Weiler, wobei es nach dem späteren Einbeziehen der Hochflächen wohl im 10. Jahrhundert auf dem Dohnaer Burgberg zum Anlegen einer strategisch bedeutsamen Befestigung kam. Unter ihrem Schutz entstand damals auch der Weiler Sedlica oder Sedlec, was etwa dem Wort »Siedlung« entspricht.

Die eigenständige Entwicklung der slawischen Stämme beendete der unter König Heinrich I. um 928 erfolgte Einfall deutscher Heere in die Slawengaue zwischen Elbe und Saale. Nach der Festigung des deutschen Herrschaftsanspruches im 12. Jahrhundert kamen aus den Westgebieten des Reiches Siedler ins Land, die auf den durch Rodungen gewonnenen Flächen zahlreiche Dörfer anlegten oder vorhandene slawische Weiler mit Neuanlagen verbanden. Auch Sedlitz mag damals jenen Umwandlungsprozess erfahren haben: So zeigt das nahebei gelegene Kleinsedlitz noch heute im Kern die Form eines sackgassenartig angelegten Rundlings, während der ursprüngliche Charakter von Großsedlitz durch die baulichen Veränderungen des 18. Jahrhunderts verwischt wurde.

Der Gau Nisane bildete im 13. Jahrhundert noch keine territoriale Einheit: Unterstanden die westlichen, nahe Dresden gelegenen Orte den meißnischen Markgrafen, so gehörten die ostwärts liegenden Siedlungen samt der Stadt Pirna zum Königreich Böhmen. Dazwischen schob sich die reichsunmittelbare Burggrafschaft Dohna, zu der damals das Dorf Sedlitz zählte. Dessen erste urkundliche

Erwähnung erfolgte im Zusammenhang mit der Dohna-ischen Fehde, die sich nach der Eroberung der Burg Dohna 1402 durch markmeißnische Truppen bis zur Erstürmung des zu jener Zeit in böhmischem Besitz befindlichen Königsteins ausweitete. Zwar konnten die Böhmen 1407 die Burg nochmals zurückgewinnen, doch gelang den Meißnern ein Jahr später die endgültige Inbesitznahme. Für dabei geleistete Hilfe wurden am 28. Juni 1412 die Brüder »Hans und Gebehard von Bybrach« vom Landesherrn mit Gütern und Zinsen »in dem dorffe Czedelicz gelegin« belehnt. 1418 kam als Schreibform des Ortes auch Sedelicz vor, während es bereits 1454 Großen Czedelicz hieß.

Von den nachfolgenden Grundherren des nur wenige Bewohner zählenden und nach Dohna eingepfarrten Dorfes sind die Familien von Wurgwitz (um 1454–1555) und Lindemann (1559–um 1640) zu erwähnen. Zudem dürfte

Plan des Rittergutes Großsedlitz. Anonyme, aquarellierte Federzeichnung, 1719. Sächsisches Hauptstaatsarchiv Dresden

unterhalb des Steilhanges schon Mitte des 16. Jahrhunderts ein Niederhof bestanden haben, während 1555 ein bereits 1418 erwähntes Vorwerk als selbstständiges Rittergut erscheint; auch zählten mehrere umliegende Dörfer sowie Zubehörungen und Gerechtigkeiten zum Gutsbereich.

Nach dem Tod von Hans Caspar Lindemann 1635 wechselten die Grundherren oft, bis das Besitztum 1686 an die Familie von Wolffersdorf kam. Ein Plan »des Hoch Adelichen Ritter Guths zu Groß Seedtlitz« von 1719 zeigt die Anlage mit Herrenhaus und Nebengebäuden, den dazugehörigen Nutzgärten samt »Lust Garthen« sowie einem Mischwald, bestehend aus Laub- und Nadelgehölzen. Indes hatte 1715 ein Feuer den Gutskomplex wie auch das aus zehn Häusern bestehende Dorf vernichtet. Der 1719 begonnene Wiederaufbau musste allerdings wegen fehlender finanzieller Mittel eingestellt werden, was Heinrich Gottlob von Wolffersdorf letztendlich zum Verkauf des Besitztums an den Grafen August Christoph von Wackerbarth bewog.

Ausbau zum gräflichen Landsitz

Mit dem Kauf des Geländes gedachte sich der Graf einen seinem hohen Rang gemäßen Ruhesitz zu schaffen, den er von Dresden aus »in 2 Stunden sowohl zu Waßer alß zu Lande« erreichen konnte. Geboren 1662 wohl in Kogel bei Ratzeburg, war Wackerbarth 1685 als Page an den Dresdener Hof gekommen. Hier vermochte er durch seine mathematisch-technische Begabung bald die Aufmerksamkeit Kurfürst Johann Georgs III. zu erwecken. Kurz nach dem Regierungsantritt Augusts des Starken 1694 stieg er in höchste Ämter auf und gelangte damit zu großem Einfluss. So wurde er bereits 1697 Generalintendant des Bauwesens in Sachsen und Polen, dem 1705 die Erhebung in den Reichsgrafenstand durch Kaiser Joseph I. und 1710 die Ernennung zum königlich-sächsischen Kabinettsminister folgten. 1718 als Gouverneur von Dresden eingesetzt, erhielt er nahezu völlige Unabhängigkeit in seinen Entscheidungen. Obwohl von Haus aus kein Architekt, durfte Wackerbarth als eine im Bauwesen durchaus erfahrene Persönlichkeit gelten, die sich durch Verständnis und Urteilsvermögen das uneingeschränkte Vertrauen Augusts des Starken sicherte.

Mit der Erwerbung von Großsedlitz durch Wackerbarth begann zugleich die Geschichte der bedeutendsten Gartenschöpfung Sachsens. Noch 1719 erhielt das Oberbauamt vom Grafen den Auftrag für eine Generalplanung, deren Ausarbeitung wahrscheinlich dem jungen Baukondukteur Johann Christoph Knöffel übertragen wurde. Das anonyme Projekt zeigt zwei miteinander in Beziehung gesetzte Zentren, die aus dem teilausgeführten Großsedlitzer Garten samt Schloss und einem kleineren Parkensemble auf dem Kleinsedlitzer Erlichtberg bestehen. In ein Boskett eingebettet, sollte Letzteres Blicke auf Dresden und das westliche Elbtal öffnen: Daher waren

August Christoph Graf von Wackerbarth. Anonymes Gemälde, wohl nach 1720. Dresden, Gemäldegalerie Alte Meister

Johann Christoph Knöffel. Kupferstich von Anton Tischler, um 1750. Dresden, Kupferstich-Kabinett

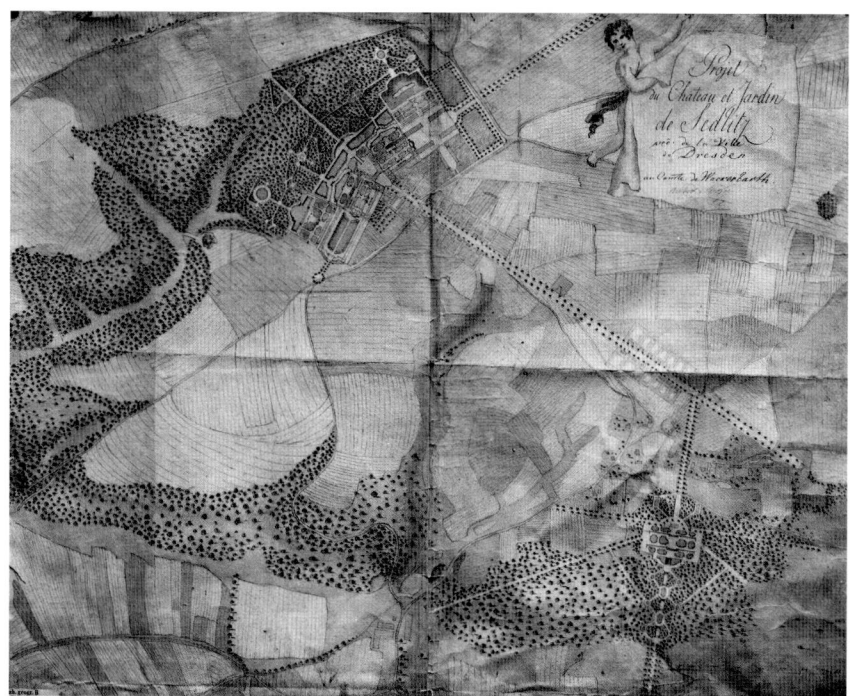

Erster Gesamtplan für je eine Gartenanlage in Groß- und Kleinsedlitz.
Aquarellierte Graphitzeichnung, wohl
von Johann Christoph Knöffel, 1719.
Ehem. Dresden, Sächsische Landes-
bibliothek (Kriegsverlust)

auf dem höchsten Punkt des Berges drei Pavillons in-
mitten eines Broderieparterres vorgesehen, von dem eine
Terrassenanlage hinab zur Elbaue führte. Die Verbindung beider Zentren vermittelte eine vom Großsedlitzer
Schloss geradlinig nach Nordwesten verlaufende Lindenallee; von ihr sollte in Kleinsedlitz eine weitere Allee ab-
zweigen und unter Querung des Dorfes das Ensemble auf
dem Erlichtberg erreichen.

Erscheint die Kleinsedlitzer Anlage dem Schema barocker italienischer Terrassengärten verpflichtet, so wirk-
ten auf den Großsedlitzer Plangedanken unverkennbar
französische Vorbilder mit ihren künstlich und nach strengen Regeln angelegten Formen ein. Neben der Unterord-

Ausbau zum gräflichen Landsitz

nung des Natürlichen werden jetzt Dynamik und Weiträumigkeit zu bestimmenden Elementen des Gartens, der damit eine architektonische Ergänzung des Schlosses darstellt: In der Hauptachse angeordnet, ist das Schloss ideelles Zentrum und Bezugspunkt; seine Mittelachse findet in der Haupt- oder Symmetrieachse der Anlage ihre Fortsetzung und bezieht deren gesamte Gestaltung auf sich.

Auch im ersten Großsedlitzer Gartenprojekt bildete das Schloss den Zielpunkt des Parkes. Die Eigenart des Terrains, das von dem beherrschenden Hochplateau im Norden stark nach Süden abfällt, um dann in gleicher Richtung wieder anzusteigen, nutzte der entwerfende Architekt zu einer Weiterentwicklung des französischen Ideals: Entgegen jenen, sich allgemein in der Ebene entwickelnden Gärten erfährt hier das fallende Gelände durch Terrassen und die sie verbindenden Freitreppen seine Gliederung. Das Schloss und die zu seinen beiden Seiten im stumpfen Winkel angeordneten Orangeriegebäude sollten dabei als Zielpunkte wirken. In ihren Achsen führen Terrassen mit Broderieparterres und Bassins zur Talsenke hinab, wo vier Fachinenteiche den Abschluss bilden. Das danach wieder ansteigende Gelände ist als Waldstatt angelegt, die von geradlinigen Schneisen mit eingefügten Plätzen durchschnitten wird. Beidseitig des Hauptgartens erscheinen symmetrisch zur Schlossachse noch Anlagen, die links ein Parterre à l'angloise und den sich tiefer anschließenden Küchengarten, rechts aber den neuen Gutshof aufnehmen. So tritt schon in der Planung von 1719 durch die Einbeziehung vorhandener Geländestrukturen jener Wesenszug hervor, der bei den unter August dem Starken erarbeiteten Projekten noch schärfere Konturen gewinnen sollte.

Während die Verwirklichung des Kleinsedlitzer Vorhabens wohl aus Kostengründen unterblieb, begann noch im Herbst 1719 die Realisierung des Großsedlitzer Projektes. Zugleich mit dem Anlegen der bis heute erhaltenen

Zufahrtsallee wurde die Errichtung des Schlosses betrieben, dessen Richtfest bereits im Mai 1720 begangen werden konnte. Die zweigeschossige Dreiflügelanlage bedeckte ein hohes Mansarddach samt Dachreiter über dem Mittelflügel. Ebenso entsprach die räumliche Disposition mit Gartensaal und Festsaal im Parterre und den Privatgemächern des Hausherrn sowie Gästezimmern im Obergeschoss dem Raumschema barocker Herrenhäuser, wobei lediglich ein Porzellankabinett einen besonderen Akzent setzte. Zudem folgte die klare Fassadengestaltung mit ihren illusionistisch aufgemalten Pilastern und Spiegeln bereits Stiltendenzen, in denen sich die Ablösung der bewegten Formensprache Pöppelmanns durch einen vom französischen Vorbild beeinflussten beruhigten barocken Klassizismus ankündigte. Dennoch war die Anordnung des wahrscheinlich ebenfalls von Knöffel entworfenen Baukörpers wenig ein-

Obere Orangerie mit Parterre

Ausbau zum gräflichen Landsitz

drucksvoll, vermochte er doch mit seinen geringen Maß-
verhältnissen die weiträumige Gartenanlage nicht zu beherrschen.

Mitte 1720 folgte dann der Baubeginn der Oberen Orangerie. Damals hatte sich das im 16. Jahrhundert beginnende
Sammeln fremdländischer Gewächse im nördlichen Europa zur fürstlichen Leidenschaft ausgeweitet. Daher
musste auch eine der Gartenkunst gegenüber stark aufge-
schlossene Persönlichkeit wie Wackerbarth jener Zeit-
mode besonderes Interesse entgegenbringen. Die Obere
Orangerie ist als reiner Zweckbau zur winterlichen Aufnahme von Orangenbäumchen konzipiert. Ihr gestreckter
Baukörper gliedert sich in zwei leicht vorspringende und
nach hinten flügelartig erweiterte Eckpavillons mit hohen
Mansarddächern sowie einen dazwischen gespannten
Mitteltrakt. Letzteren unterbricht in der Mittelachse ein

Das Wappen Wackerbarths im Giebel-
feld der Oberen Orangerie

Der Garten mit Schloss und Oberer Orangerie zur Zeit Wackerbarths. Aquarellierte Federzeichnung von Johann Alexander Thiele, 1723. Landesamt für Denkmalpflege Sachsen

Risalit mit einem flachen Dreiecksgiebel und bekrönender Sandsteinvase, wobei die Kartusche des Feldes vom wackerbarthschen Wappen geschmückt wird. Die Fassade nimmt die plattenartige illusionistische Bemalung des Schlosses auf. 1721 fertig gestellt, blieb der wohl ebenfalls von Knöffel entworfene Bau einziges Gebäude der Anlage, das in ursprünglicher Gestalt überkam.

Sind von den unter Wackerbarth entstandenen Bauten kaum Nachrichten überliefert, so fehlen sie für den Garten völlig. Als Quelle seines bis 1723 erreichten Zustandes kann daher außer einem Plan von etwa 1724 nur die von Johann Alexander Thiele 1723 gefertigte Tuschzeichnung dienen, obwohl sie einige Unstimmigkeiten aufweist. Der Schwerpunkt der anfallenden Tätigkeiten bestand zunächst im Terrassieren des abschüssigen Geländes, mussten doch zum Herrichten ebener Flächen für die Parterres große Teile des Erdreiches abgetragen und hinter den neuen Stützmauern wieder aufgeschüttet werden. Arbeiten in solchem Umfang überstiegen jedoch das Leistungsvermögen der zu Frondiensten herangezogenen gräflichen Untertanen. Wackerbarth setzte deshalb für sein privates Bauvorhaben zusätzlich Soldaten der ihm unterstellten Garnisonen ein. Diese Tatsache erklärt auch den sprunghaften Anstieg von Geburten unehelicher Soldatenkinder in Großsedlitz seit 1720. Außerdem entstand seit 1721 ein lang gestrecktes Gewächshaus, das sich an die Stützmauer

Ausbau zum gräflichen Landsitz

des im nordöstlichen Teil der Anlage gelegenen Küchengartens lehnte. Seinen Standort nahm später die Untere Orangerie ein. Somit konnte bis 1723 der nordöstliche Gartenteil im Wesentlichen fertig gestellt werden, während bei der südwestlichen Hälfte die dort bestehenden Geländeverhältnisse eine Realisierung der Planung vorerst ausschlossen. Freilich blieb von jenem Ensemble außer der Oberen Orangerie, der so genannten Reitertreppe hinter dem ehemaligen Schlosshof und einer Terrassenecke im Stützmauerwerk des oberen Broderieparterres nichts erhalten, wurden doch sämtliche Gartenteile – außer dem erst 1871 abgetragenen Schloss – bei der Neugestaltung unter August dem Starken verändert.

Erwerbung und Umgestaltung durch August den Starken

Erwerbung und Umgestaltung durch August den Starken

Geheimer Kaufvertrag

Wackerbarth mag bald erkannt haben, dass der Umfang des Vorhabens selbst für eine Person seines Ranges die finanziellen Möglichkeiten überschritt. Der mit einem ausgeprägten Geschäftssinn begabte Graf hatte daher bestimmte wirtschaftliche Nutzungen vorgesehen, zu denen eine Spargelzucht im Garten wie auch der Bau einer Branntweinbrennerei nahe des Niederhofes zählten; hingegen unterblieb das geplante Errichten einer Kattunmanufaktur. Ebenso scheinen wohl schon zeitig Verkaufsabsichten bestanden zu haben, suchte doch Wackerbarth immer wieder das Interesse des Königs auf den Garten zu lenken.

1723 erwarb schließlich August der Starke für 100 000 Taler das gesamte Besitztum. Unter den Bestimmungen des Kaufvertrages vom 30. Januar hat besonders die Forderung des Königs nach Geheimhaltung der Erwerbung »biß zu seiner Zeit« Anlass zu mancherlei Vermutungen gegeben. Indes ist anzunehmen, dass man wohl dadurch einer Verärgerung der Stände wegen der angestrengten Finanzlage des Landes zu begegnen suchte, doch dürften ebenso die damals unsicheren politischen Verhältnisse in Polen eine Rolle gespielt haben. Jedenfalls trat Wackerbarth nach außen weiterhin als Eigentümer auf und musste auch sämtliche Arbeiten auf seinen Namen ausführen lassen. Die Anweisungen dafür erhielt er allerdings vom König. Dessen Geldverlegenheit hätte jedoch den Ausbau der Anlage in weite Ferne gerückt. Daher half der Graf vorerst mit eigenen Mitteln aus, so dass der Garten zur offiziellen Übergabe Ende 1726 eine relativ abgerundete Erscheinung zeigte.

Linke Seite: August der Starke.
Gemälde von Louis de Silvestre.
Dresden, Gemäldegalerie Alte Meister

August der Starke, seit 1694 Kurfürst von Sachsen und seit 1697 als August II. polnischer König, hatte aufgrund seiner weit greifenden politischen Ziele und der wirtschaftlichen Stärke des Landes eines der umfangreichsten Schlossbauprogramme innerhalb Deutschlands begonnen. Der Machtanspruch des Souveräns fand seinen Ausdruck in der barocken Architektur, die als Gesamtkunstwerk begriffen werden sollte, indem Malerei und Plastik, Kunsthandwerk und Gartengestaltung unter dem Primat des Architekten einer gemeinsamen Bauidee dienten. Mit der weitläufigen Schlossanlage von Versailles erreichte Frankreich damals das vollkommenste Beispiel solcher Geschlossenheit: Es stand symbolgleich für den Willen

Generalplan des Gartens, wohl von Zacharias Longuelune. Aquarellierte Federzeichnung, 1727. Sächsisches Hauptstaatsarchiv Dresden

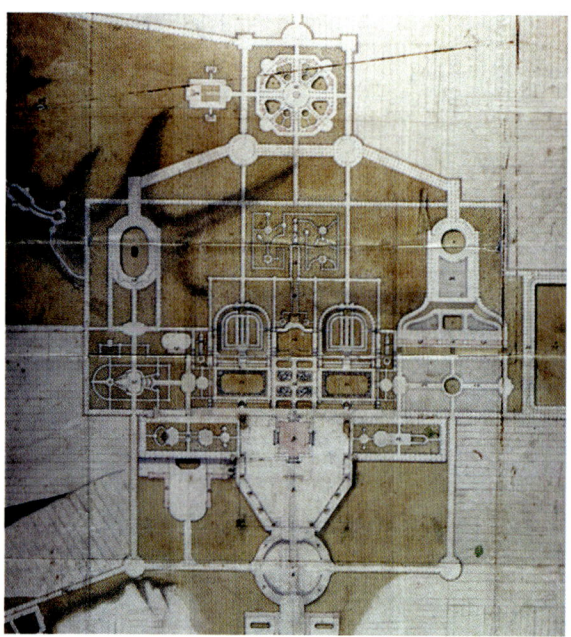

Erwerbung und Umgestaltung durch August den Starken

des Souveräns, der ins Große und Weite strebte und dabei selbst die Natur dem architektonischen Gesetz unterwarf. In Dresden folgte man ebenfalls dieser Entwicklung, was auch im Einbeziehen des umliegenden Landschaftsraumes zum Ausdruck kam. Hier entstanden mit Pillnitz, Moritzburg und Großsedlitz drei königliche Schlossanlagen, die bestimmte Funktionen innerhalb der höfischen Festprogramme erfüllen sollten: Diente Pillnitz dem Spiel und der Unterhaltung, so war das im wildreichen Friedewald gelegene Moritzburg der Jagd gewidmet, während man Großsedlitz zum Ordensschloss für die Stiftungsfeste des polnischen Weißen Adlerordens erkor.

Freilich konnte die wackerbarthsche Gartenanlage den hochfliegenden Vorstellungen des Königs in keiner Weise genügen; zudem erkannte sein geschulter Blick, dass dem bescheidenen Schlossbau jegliche Kraft zum Ordnen des Gartenraumes fehlte. So begannen wohl schon 1724 Planungen, die nach Abbruch des Schlosses als wesentlichste Neuerung das Errichten eines repräsentativen Neubaues vorsahen. Sein nach Nordosten verschobener Standort nahm die Mittelachse der ebenfalls zum Abriss bestimmten Oberen Orangerie auf und sollte zugleich den neuen Hauptzugang zum Garten markieren.

Nach der dann am 20. Dezember 1726 erfolgten offiziellen Übergabe des Parkes an den König wurden die Planungen verstärkt betrieben. Ein wohl Anfang 1727 entstandener Generalplan deutet nun auf die Einflussnahme des seit 1718 im Oberbauamt tätigen Franzosen Zacharias Longuelune hin. Auch für ihn war bindend, dass der begonnene Garten sowie das bewegte Gelände keine zentrale Anordnung des Schlosses gestatteten. Deshalb beließ er den auf die Orangerieachse fixierten Standort und betrieb deren konsequente Ausbildung zur Hauptachse des Parkensembles, das sich nun in strenger Symmetrie entwickelt. Kaskadenanlagen, die die Talsenkung nutzen, betonten den Verlauf der neuen Hauptachse; sie führt

Gesamtentwurf des Gartens. Anonyme, aquarellierte Federzeichnung, Ende 1726. Landesamt für Denkmalpflege Sachsen

durch die gegenüberliegende Waldstatt über eine Wald-kaskade und einen Irrgarten zu einem quadratischen Platz, dessen achteckiges Parterre Pavillonbauten und Bassins schmücken. Im Tal liegen zudem beidseitig der Hauptachse je ein U-förmiges Orangerieparterre samt Orangeriehaus, während das anschließende Boskett Plätze mit Bassins, Spielanlagen und einem Naturtheater enthält. Alleen stellen die Verbindung mit anderen Gartenteilen her oder führen den Blick in die umgebende Landschaft.

Zur Erlangung von Entwürfen für das Schloss hatte der König zwischen den Architekten Knöffel, Longuelune und Pöppelmann einen Wettbewerb veranstaltet, dessen Aufgabenstellung in drei Vorgabeentwürfen niedergelegt war. Darüber hinaus hat Longuelune für das geplante Schloss bis Mai 1727 zahlreiche Varianten entworfen, die vor allem den Typus des Zentralbaues variierten. Ihnen lag eine »idée fixe« Augusts des Starken zugrunde: sein lebenslanger Wunsch nach einem solchen Schloss, dessen Form den üblichen Schlosstypen der Zeit völlig widersprach und das dennoch fortwährend in den Planungsunterlagen des Oberbauamtes vorkam. Auf Vorbildern der italienischen und französischen Renaissance beruhend, taucht es sowohl in den Projekten für Pillnitz und Moritzburg wie auch für Polen auf. Hierbei mag dem König jener kastellartige Baukörper als sinnfälliger Ausdruck der Macht erschienen sein, vermittelte er doch einen nach

Entwurf eines quadratischen Schlosses für Großsedlitz, Seitenansicht. Aquarellierte Graphitzeichnung von Zacharias Longuelune, 1727. Sächsisches Hauptstaatsarchiv Dresden

allen vier Seiten hin gleichen totalitären Anspruch. Aber der Schlosstraum Augusts erfüllte sich auch in Großsedlitz nicht: Im Mai 1727 kam es zur Einstellung dieser Planungen. Freilich bleibt zumindest für Großsedlitz das Versäumte zu bedauern, hätte ein solches Schloss doch dem Garten die ordnende Kraft gegeben.

Oberes Orangerieparterre und Bowlinggreen

Da der Neubau des Schlosses vorerst nicht realisiert werden konnte, konzentrierte sich bis zum Ordensfest im August 1727 alle Kraft auf die Vollendung des Gartens. Doch im Gegensatz zu den Pillnitzer und Moritzburger Projekten, deren abschnittsweiser Verwirklichung keine gültigen Gesamtkonzeptionen zugrunde lagen, bestimmten die im Generalplan Longuelunes niedergelegten Gedanken das Großsedlitzer Vorhaben. Indes lassen sich die Schöpfer der einzelnen Gartenteile nicht mehr nachweisen. Da aber zu dieser Zeit bei den Architekten des Oberbauamtes meist eine gemeinsame Beteiligung an den je-

Entwurf zum oberen Orangerieparterre und zum Bowlinggreen. Aquarellierte Graphitzeichnung, wohl von Johann Christoph Knöffel, 1726. Landesamt für Denkmalpflege Sachsen

Erwerbung und Umgestaltung durch August den Starken

weiligen Projekten zu beobachten ist, dürften auch die Großsedlitzer Entwürfe auf Johann Christoph Knöffel, Zacharias Longuelune und Matthäus Daniel Pöppelmann zurückgehen.

Bei den 1725 beginnenden Arbeiten waren zeitweise etwa 1200 Soldaten der Dresdener Garnison an den Erdbewegungen beteiligt. So mussten in der Erdsenke Ebnungen vorgenommen werden, während die Terrasse des oberen Orangerieparterres durch Aufschüttungen nach Südosten erweitert wurde, um in ihren Ausmaßen dem geplanten Schlossbau zu entsprechen.

Zunächst lag das Schwergewicht der Umgestaltung auf der vom neuen Schloss ausgehenden Hauptachse: Die nun quadratische Terrassenfläche sollten vier Broderiebeete schmücken, denen schloss- und gartenseitig jeweils zwei Fontänenbecken zugeordnet waren. Aufgrund des unterbliebenen Abbruchs der Oberen Orangerie konnten jedoch die beiden schlossseitigen Beete nur teilweise zur Ausführung kommen, so dass heute ihre Rudimente gegen den Geländeabsatz vom höher gelegenen Orangeriehaus stoßen. Zeigten ursprünglich die Broderien von Zwerg-

Oberes Orangerieparterre

Oberes Orangerieparterre und Bowlinggreen

Sphinx

buchsbaum eingefasste Rankenmuster aus farbigen Stei-
nen und Sanden, so sind heute die Beetflächen mit Rasen
bewachsen und erhalten eine bordürenartige Randbe-
pflanzung durch jahreszeitlich wechselnde Blumensorten.

Das sich nordöstlich anschließende Bowlinggreen erfuhr hingegen nur wenige Veränderungen. Beide Gartenteile trennt eine Balustrade, die drei Durchgänge offen
lässt. Den mittleren flankieren zwei auf Postamenten ru-
hende Sphinxe, die zu den frühen sächsischen Beispielen
ihrer Art zählen. Es sind die einzigen Steinbildwerke des
Parkes, für die mit François Coudray der ausführende
Künstler belegt ist. Auch erhielt das bis dahin nur auf den
Nordostflügel des wackerbarthschen Schlossbaues orien-
tierte Bowlinggreen die Zuordnung einer Querachse: Als
parallel zur Hauptachse verlaufende Nebenachse findet
sie ihren Zielpunkt in der gegenüberliegenden Waldstatt,
wo sich der Blick in die umliegende Landschaft öffnet.
Damit aber konnte der unterhalb vom Bowlinggreen gele-

Doppeltreppe mit Fontänenbecken am Bowlinggreen

gene alte Küchengarten in die Anlage integriert werden und seinen Ausbau zum unteren Orangerieparterre erfahren. Talseitig wird jene Nebenachse durch einen Austritt über der Unteren Orangerie markiert, während diese Aufgabe an der Nordseite des Bowlinggreens eine auf die nachfolgende Ebene führende Doppeltreppe übernimmt. Sie legt sich im eleganten Schwung um ein rundes Fontänenbecken, wobei die oberen und unteren Endpostamente der Brüstungen von Vasen besetzt sind. Ihr Schmuck zeigt oben von barockem Zierrat umgebene Medaillons mit Bildnissen römischer Kaiser; dagegen quillt aus den unteren Stücken mit Früchten gemischtes Blatt- und Blumenwerk. Wie Le Nôtre in Versailles italienische und französische Gartenelemente miteinander verband, so wirken in Großsedlitz Achsführungen und Parterres französisch, während diese intime Stufenschöpfung italienische Einflüsse verrät, die hier vielleicht durch Johann Christoph Knöffel ihre Umsetzung erfuhren.

Wie erhaltene Pläne ausweisen, wurde der ursprüngliche Eindruck des Gartens wesentlich mitbestimmt von Nagelwerken, so genannten Treillagen, die aus in Holzgitterwerk hergestellten Laubengängen und Pavillons bestanden, aber auch zum Fassen von Skulpturen und Kleinarchitekturen benutzt wurden. Ihre zahlreiche Verwendung am Bowlinggreen führte im 18. Jahrhundert zu dessen Bezeichnung als »Nagelkarrée«. Säumten dort die Längsseiten Nagelwerkgänge mit Wasserkünsten und Ruheplätzen, so schloss die Ostseite ein pavillonartiger Nagelwerkbau ab, während dahinter ein Boskett mit »Rundsaal« und Toranlage folgte. Bis heute zeigt das

Entwurf eines Nagelwerkes zum Fassen einer Skulptur. Anonyme, aquarellierte Federzeichnung, um 1730. Landesamt für Denkmalpflege Sachsen

Erwerbung und Umgestaltung durch August den Starken

Heckenwände am Bowlinggreen

Bowlinggreen seine große, leicht nach innen abgestufte Rasenfläche; statt der verschwundenen Nagelwerke aber sollen im Schnitt gehaltene Hecken- und Baumreihen den Eindruck von begrenzenden Wandfluchten vermitteln. Ihrer Belebung dienen Skulpturen von Gartengöttinnen sowie die Standbilder von Venus und Adonis an der Ostseite.

Folgende Doppelseite: Freitreppen zwischen den oberen und unteren Parterres im Winter

Unteres Orangerieparterre

Von den beiden oberen Parterres führten drei monumental angelegte Freitreppen zum Wasser- und unteren Orangerieparterre hinab und kündeten vom gestalterischen Können der barocken Architekten beim Bezwingen des bewegten Geländes. Das in der östlichen Parkecke angeordnete untere Orangerieparterre bildete gleichsam den Festsaal des Gartens: Hier fanden als Höhepunkt der Ordensfeste die Preisschießen statt. Seine U-förmige Gestalt wird von strenger Symmetrie bestimmt. Indes erforderte die Doppelfunktion der Anlage eine Schießbahn mit seitlichen Sperren; zudem mussten wegen der parallelen Nutzung als Orangerie entsprechende Möglichkeiten zum Aufstellen von Orangenbäumchen vorhanden sein. Die Lösung erreichte der Architekt, indem er das muldenförmig vertiefte Parterre durch zwei mittels Anböschungen terrassenartig angelegte Wege rahmte. Dabei liegt in der Achse der unteren Ebene die Schießbahn mit der Rückwand der im Bogenscheitel eingefügten »Stillen Musik« als Kugelfang; auch flankieren zwei in schmale Rasenbeete eingebettete Kanäle den Schießbereich. Ursprünglich jeweils mit 13, jetzt mit zehn »Chantillen« besetzt, verhinderten sie sein Betreten während der Preisschießen.

Den nördlichen Anschluss des Parterres bildet die anstelle des wackerbarthschen Gewächshauses errichtete Untere Orangerie: Wohl vor August 1727 fertig gestellt, blieb sie das einzige unter August dem Starken im Garten realisierte Gebäude. Die für die sächsische Barockarchitektur ungewöhnliche Kleinteiligkeit der Fassade weist Longuelunes Handschrift aus, doch erfuhr das Bauwerk im 19. Jahrhundert eine völlige Umgestaltung.

Nach Entwürfen Pöppelmanns scheint jene eigenwillige Treppenanlage entstanden zu sein, die im Bogenscheitel des Parterres auf den oberen, vom Boskett des Gegenhanges begrenzten Terrassenweg führt. Hier um-

Putto am geschwungenen Treppenlauf der »Stillen Musik«

greifen zwei geschwungene Stufenläufe ein Bassin, das mit seinen drei Fontänen zum Zielpunkt für die darauf ausgerichteten beiden Kanäle zu Seiten der Schießbahn wird. Das elegante Formenspiel der Treppenkurvungen steigern drollige Putti, die als Balustradenschmuck dienen und teilweise auf Hörnern, Panspfeifen und Seemuscheln blasen, was später der Anlage den Namen »Stille Musik« gab. Wenn auch die Kunst der Zeit bei ihrem Streben ins Große und Weite den menschlichen Maßstab oftmals missachtete, so geben ihr solche prallen, pausbäckigen Kindergestalten viel Menschliches zurück.

Die oberhalb der Treppe folgenden Zugänge zu dem das Parterre bogenförmig abschließenden Boskett werden ebenfalls durch qualitätvolle Statuen betont. Außer dem Götterpaar Jupiter und Juno am mittleren Zugang übernehmen Allegorien der vier Jahreszeiten das Fassen der beiden seitlich davon radial ins Boskett führenden Wege:

Treppenlauf der »Stillen Musik«

Erwerbung und Umgestaltung durch August den Starken

Detail der Skulptur »Winter« vom unteren Orangerieparterre

Der Winter erscheint als fröstelnder Greis, der Frühling als liebliche Frauengestalt mit Blumenkranz, der Sommer als kecke Schnitterin mit Sichel und Ährengarbe, der Herbst als Bacchus, der eine Weintraube zum Munde führt. Ihre flüssig-lockere Behandlung mag auf Johann Christian Kirchner deuten, einen bedeutenden Dresdner Bildhauer, dessen Werkstatt auch die Putti der »Stillen Musik« entstammen mögen.

Noch heute umziehen die obere Böschungskante des Parterres in »Bienenkorb«-Form geschnittene Hainbuchen, die zwar den Durchblick gestatten, doch in der Perspektive den räumlichen Abschluss ergeben. Zudem findet die ursprüngliche Zweckbestimmung ihre Fortsetzung, indem dieser einmalige Gartenraum wieder zum Ort vielfältiger kultureller Veranstaltungen wurde.

Parterre d'eau und Waldkaskade

Parterre d'eau und Waldkaskade

Wie aus dem Briefwechsel zwischen Wackerbarth und August dem Starken hervorgeht, hatte Anfang Januar 1727 die Planung des Wasserparterres noch keine endgültige Form gefunden. Flankiert von zwei Freitreppen, sollte ein großes Bassin anstelle der alten Fachinenteiche treten. Dadurch wurde die beim französischen Garten eindeutig markierte Hauptsache zu einer nur abschnittsweise begehbaren Sichtachse.

Das Bassin gliedert sich in drei stufenförmig gegeneinander versetzte Becken, dessen oberstes von der hohen Stützmauer des oberen Orangerieparterres begrenzt wird. Die beiden Wasserstufen sind mit flachen Schalen besetzt, Stalaktiten schmücken die talseitige Einfassung des unteren Beckens am Innenrand, was zur Bezeichnung »Eisbassin« führte. Nach überlieferten Plänen sollten hier

repräsentative Wasserspiele samt einer Figurengruppe »Triumph des Neptun« als Krönung entstehen. Infolge ungenügender Abdichtung musste freilich schon Ende des 18. Jahrhunderts das Becken trockengelegt werden; später bepflanzte man es mit Rasen.

Aus der Waldstatt des Gegenhanges sollte im Zuge der Hauptachse den Wasserstufen des Parterre d'eau eine zweite Kaskade antworten. Indes kam es bis zum Ordensfest 1727 wohl nur zum Ausschachten ihrer Grundstrukturen, während die 1728 wieder aufgenommenen Arbeiten nicht zum Abschluss gelangten. Hierbei mögen dem meisterhaften Einbeziehen des Wassers wieder italienische und französische Vorbilder zugrunde gelegen haben, werden doch Ähnlichkeiten mit solchen Anlagen in Frascati oder in den Parks von Saint-Cloud nahe Paris und Rueil offenbar. Auch in Großsedlitz ist der Kaskade im Parterre ein Sammelbecken für das herabströmende Wasser vorgelegt, das zugleich den Mittelpunkt für das vom unteren Querweg ins Boskett abzweigende Wegesystem bildet. Die Einmündungen betonen acht Doppelstatuen auf Postamenten. In ihnen vereinen sich entsprechend dem Zeitgeschmack Darstellungen aus der antiken Mythologie, wie sie vom römischen Dichter Ovid in seinen »Metamorphosen« überliefert wurden: Bacchus und Ariadne, Amor und Psyche, Pan und Syrinx, Orpheus und Eurydike, Narzissus und Echo, Apollo und Daphne, Meleager und Atalante sowie Ceyx und Halkyone.

Obwohl der Schöpfer jener Figurengruppen wiederum anonym bleibt, weist ihr strengerer, mehr statisch angelegter Massenaufbau auf Johann Benjamin Thomae und seine Werkstatt. Das Ganze aber bildet den Auftakt zur eigentlichen Kaskade, die hinter dem Sammelbecken mit einer Folge von 14 Wasserstufen und seitlichen Aufgängen hangaufwärts strebt. Oben ist dem Überlauf ein kanalartiges Wasserbecken angefügt; von einem im Boskett ausgesparten Platz umgeben, sollte das als »Steinernes Meer« bezeichnete Bassin dem Anstau dienen. Der Platz ist durch ein Wegesystem mit dem Boskett verbunden. Hierbei sind die Einmündungen in der Mitte seiner Längsseiten durch jeweils zwei weibliche Allegorien der Erdteile Europa, Asien, Afrika und Amerika markiert (Australien wurde erst 1770 entdeckt). Die hohe künstlerische Qualität dieser Bildwerke deutet auf die Hand Johann Christian Kirchners. Ähnliche Merkmale prägen zwei Figuren am Ende der Hauptachse hinter dem »Steinernen Meer«: Als »Feuer und Wasser« sowie »Luft und Erde« stellen sie die vier Elemente dar. Danach setzt sich die Hauptachse in Form einer Lindenallee bis zu einem die Parkgrenze markierenden Hohlweg fort.

In ihrer Gesamtheit war diese »Wasserachse« als lebendigster Teil des Gartens gedacht, indem dort jenes Element in verschwenderischer Fülle triumphieren sollte. Zugleich aber bezeugt sie das souveräne Beherrschen der

Detail der Skulptur »Melpemone«

Skulptur »Europa« am »Steinernen
Meer«

Skulptur »Pomona mit Fruchtkorb«
am Bowlinggreen

Gestaltungsmöglichkeiten im Freien durch die barocken
Architekten: Zweier Kulturkreise entstammend, vereini-
gen sich hier das französische Parterre d'éau und die
italienisch geprägte Waldkaskade samt ihrem allegorisch-
mythologischen Skulpturenprogramm zu einer Komposi-
tion von höchster Vollendung.

Das Boskett

Das auf der Hanglehne angelegte Boskett wird von Baum-
gruppen gebildet, die man aus einem vorhandenen Wald-
stück formte; seine Gliederung übernimmt ein durch
Heckenwände gefasstes, streng-geometrisches Weggefüge
mit den unteren Parterres als Ausgangsorte. Einen in

Höhe des Überlaufs vom »Steinernen Meer« verlaufenden Querweg unterbrechen zwei Ovalplätze mit den Statuen der Juno und der Erdgöttin Kybele; das Rondell am östlichen Wegende schmückt eine steinerne Nachbildung des Farnesischen Herkules. Mit dieser wohl auf Longuelune zurückgehenden Aufteilung wurde die strenge Gliederung des Hauptgartens auf das Waldquartier übertragen; damit fand ein Element in den Park Eingang, das in der sächsischen Gartenkunst einmalig bleiben sollte.

Skulptur »Reha«

Jenes Boskett des Gegenhanges besitzt entlang der östlichen Gartengrenze eine Fortsetzung in Form von schmalen Heckenkammern. Sie mögen einst Spielanlagen aufgenommen haben, wie Reste im Heckenquartier nahe des dem Bowlinggreen nachfolgenden Rundplatzes zeigen: Auf einem Entwurf von Anfang 1727 »Sedlizer Langschieben« genannt, befand sich dort eine Freiluftkegelbahn, die unterhalb eines runden Fontänenbassins noch in Umrissen erkennbar ist.

Die Wasserversorgung

Die praktische Bewältigung der Wasserversorgung des Gartens brachte aufgrund seiner Höhenlage vielfältige Probleme. Als ihre Grundlage wählte man die in einem Tale westlich der Anlage fließende Müglitz, wobei eine Hubhöhe von 60 Metern zu überwinden war. Daher kam es bereits am 5. Juni 1724 mit dem Besitzer der Schleifmühle Köttewitz wegen der Nutzung des Flusswassers zum Abschluss eines Vertrages. Zugleich begann dort der Bau einer Wasserkunst mit Maschinenhaus und Pumpwerk, von dem das Wasser in den Hochbehälter eines auf der Höhe errichteten »Kunstturmes« gepumpt wurde. Von ihm führte eine 1700 Meter lange, unterirdisch verlegte Holzröhrenleitung zu einem hinter der Oberen Orangerie angelegten Reservoir, wo ein davon ausgehendes Leitungssystem das Speisen der Fontänen übernahm. Die Wartung der Anlage oblag dem 1726 eingestellten Röhrmeister Samuel Kluge. Allein das Versorgen der Waldkaskade erwies sich wohl wegen ihrer entfernten Lage vom Reservoir als unmöglich, so dass eine Betreibung niemals erfolgte. Umfangreiche, durch Kriegshandlungen bedingte Schäden haben 1815 das Einstellen jener Wasserförderung bewirkt.

Vom Ordensfest 1727 bis zum Abschluss der Arbeiten 1732

Für das am 3. August 1727 – dem Namenstag des Königs – vorgesehene Stiftungsfest des polnischen Weißen Adlerordens stand der Garten in seinen wesentlichen Teilen zur Verfügung. Schon 1325 von König Wladyslaw I. Lokietek gestiftet, hatte August der Starke diese höchste polnische Auszeichnung aus politischen Gründen 1705 erneuert. Nunmehr Hausorden des Königs und später auch seines Sohnes, sollte er als äußeres Band die sächsisch-polnische Union umfassen. Leere Kassen mögen freilich bewirkt haben, dass das Festprogramm übliche Formen kaum überschritt: Höhepunkt war das im unteren Orangerieparterre abgehaltene Preisschießen der Ordensritter, weshalb man jenen Gartenteil »mit Orangerie, grünen Laubwerck, (und) perspecktivischen Gemählde, … wohl zugerichtet« hatte.

Im Januar 1728 besuchten dann der preußische König Friedrich Wilhelm I. und Kronprinz Friedrich (nachmals »der Große«), die Anlage, als beide zur Karnevalszeit in Dresden weilten. Doch August der Starke verlor damals zunehmend das Interesse am weiteren Ausbau des Gartens: Nun rückte man vom Errichten des Hauptschlosses endgültig ab, während die Arbeiten im Park auf das Vollenden oder Abrunden von Begonnenem beschränkt blieben. Auch verzichtete man auf das Anlegen des zweiten U-förmigen Parterres, zumal keine Dringlichkeit mehr für den Ersatzbau der Oberen Orangerie bestand. Als sich 1732 im Oberbauamt die Mappen mit den Großsedlitzer Entwürfen schlossen, war etwa ein Sechstel der Planung zur Ausführung gelangt.

Der Garten unter Kurfürst Friedrich August II.

Der Tod Augusts des Starken im Jahre 1733 bewirkte im Kunstleben Dresdens eine Zäsur: Weniger vom künstlerisch-produktiven Element seines Vaters geprägt, vertrat der Nachfolger Kurfürst Friedrich Augusts II., seit 1734 als König von Polen August III., mehr den Typ eines Kunstmäzens und leidenschaftlichen Sammlers. Während er freilich den Schlössern Pillnitz und Moritzburg weniger Interesse entgegenbrachte, wurde Großsedlitz ab 1740 wieder zum Ort der Ordensfeste des polnischen Weißen Adlerordens, die hier bis 1756 zwölfmal stattfanden. In ihrem Ablauf unterschieden sie sich wohl kaum von dem des Jahres 1727, wobei wiederum das Preisschießen der Ordensritter im unteren Orangerieparterre als opulenter

»Stille Musik« und Kanalbecken im unteren Orangerieparterre

Der Garten unter Kurfürst Friedrich August II.

Höhepunkt galt. Dort schmückten prächtige türkische Zelte einen der zwei Rasenspiegel zu Seiten der beiden Kanäle; zudem standen im Parterre sowie vor der Unteren Orangerie Sitzgelegenheiten für die zahlreichen Zuschauer bereit. Als Zielscheiben dienten bemalte Tafeln, die vor der Rückwand des Bassins der »Stillen Musik« zur Aufstellung kamen. Unter den Schießpreisen nennen die Gewinnlisten neben Medaillen unterschiedlichen Wertes oder kostbaren, mit Wein gefüllten Gläsern auch eigenartige Präsente: so 1740 «eine weiße Maus, so auf den Seil tantzet, worzu zwey Katzen geigen«, oder 1751 »einen Strohhut mit Schellen bebrämt, oben darauf ein Fuchsschwanz«. Für Fehlschüsse gab es Scherzpreise, wie etwa 1750 »eine alte heßliche Frau, mit einem brennenden Herz in der Hand, auf das Cupido mit seinem Bogen zielet, auf einem bunten, gemahlten Bret, mit einer Deichsel und vier Rollen, nebst einer großen Schüssel Sauer-Kraut und Brat-Wurst«. Den Berichten der Hofkalender zufolge sind auch die nicht eingeladenen Dresdener »Dames und Kavaliers«, sofern sie Hofkleidung trugen, als Zuschauer willkommen gewesen, was offenbar ausgiebig genutzt wurde.

Preismedaille zum Ordensschießen am 3. August 1740 in Großsedlitz von Heinrich Friedrich Wermuth. Avers und Revers, Gold, Durchmesser 52,4 mm. Dresden, Münzkabinett

Schwere Schäden erlitt der Garten während des Zweiten Schlesischen Krieges, als nach der Schlacht von Kesselsdorf im Dezember 1745 die den Preußen unterlegenen Österreicher und Sachsen dort biwakierten. »Die Truppen … bekamen weder Holz noch Brod und mußten unter freiem Himmel liegend Frost und Hunger leiden, welches Plünderung und Exzesse veranlaßt«, besagt ein zeitgenössischer Bericht. Im Garten wurden Bäume und Treillagen zu Brennholz für die Lagerfeuer benutzt. Trotz der Schäden unterblieben danach größere Wiederherstellungsarbeiten.

Noch schlimmeres Unheil brachte der Siebenjährige Krieg. Am Abend des 3. August 1756 hatten Fanfarenstöße zum letzten Mal den Abschluss eines »solennen Ordens-

Kurfürst Friedrich August II. von Sachsen (als König von Polen August III.). Pastell von Anton Raphael Mengs, 1745. Dresden, Gemäldegalerie Alte Meister

schießens« im Großsedlitzer Garten verkündet: Wenig später, am 29. August, fielen preußische Truppen unter Friedrich II. in das neutrale Sachsen ein. Schon am 10. September erschien der Preußenkönig mit 12 500 Mann Infanterie und 1768 Mann Reiterei in Großsedlitz, wo er im Schloss sein Hauptquartier aufschlug. Nun folgten bis um den 20. September fruchtlose Verhandlungen mit dem auf den Königstein geflüchteten Kurfürsten Friedrich August II. über die weiteren Geschicke Sachsens; danach aber verwirklichte Friedrich II. seine Absicht, das Land als Aufmarschgebiet gegen Böhmen zu benutzen. Beim Friedensschluss 1763 lag der Garten verwüstet: Nicht allein fast sämtliche Bleiwasserrohre hatten die Preußen ausgegraben, um daraus Gewehrkugeln zu gießen, auch die Statuen zeigten erhebliche Beschädigungen, außerdem klafften zahlreiche Lücken infolge gefällter Bäume und abgerissener Nagelwerke. Vor allen durch den Verlust der Treillagen ging damals dem barocken Ensemble ein wesentliches Merkmal verloren, was heute den unvollständigen Eindruck der Anlage noch fördert. Auch die das Bowlinggreen säumenden Nagelwerke mögen den Preußen als Brennmaterial gedient haben, so dass der östliche Gartenausgang offen lag. Nun kam es dort zur Anlage eines »AHA«: Dieser so genannte Hasensprung besteht aus einer rechteckigen, innen mit Sandsteinquadern ausgekleideten Grube, die das Betreten des Gartens von außen her verwehrt, zugleich aber den Blick nach den jenseitigen Elbhöhen offen lässt. Er leitet sich von den in Frankreich üblichen »sauts-de-loup« (Wolfssprung) ab, den Dezallier d'Argenville in seinem Gartenwerk von 1709 erwähnt und als »Wolfsgruben« beschreibt.

Der Garten unter Kurfürst Friedrich August II.

Von 1763 bis zur Napoleonzeit

Mit dem Hubertusburger Friedensschluss von 1763 war der Glanz augusteischer Dezennien erloschen, der Wohlstand Sachsens vernichtet. Dennoch vermochte der nun staatlicherseits eingeleitete Sparkurs sowie eine zielstrebige ökonomische Politik dem Lande bis um 1780 seine wirtschaftliche Kraft zurückzugeben. Die Periode der großen Schlossbauten war freilich ohnehin zu Ende. Indem jetzt die feudale Gesellschaft von der neuen, bürgerlichen Denkweise durchdrungen wurde, folgte daraus auch eine Veränderung des aristokratischen Lebensstils: An die Stelle glanzvollen Prunkes trat eine bei aller Unnahbarkeit privatime, verbürgerlichte Lebensform; überall strebte man aus dem Weiten ins Enge, aus der Repräsentation ins Intime. Somit musste die Großsedlitzer Gartenschöpfung mit ihrer Weiträumigkeit, ihrer souveränen Beherrschung des Freiraumes und der über ihre Grenzen hinausgreifenden Raumwirkung dem neuen Zeitempfinden völlig entgegenstehen. Auch der seit 1768 regierende Kurfürst Friedrich August III. bekundete an ihr kaum Interesse, so dass sie zwar einer zeitüblichen Anglisierung oder gar der Beseitigung entging, doch leider auch langsam verfiel. Lediglich das Terrain des zweiten U-förmigen Parterres erfuhr damals seine Abrundung und Terrassierung zum »Naturtheater«; ebenso wurde die gärtnerische Pflege weitergeführt und seit 1766 die Instandsetzung der Wasserversorgungsanlage betrieben, wobei 1776 der Einsturz des baufälligen Köttewitzer »Kunstturmes« zusätzliche Erschwernis brachte. Ansonsten war es in Großsedlitz still geworden, klagten doch 1779 die Gastwirte des Ortes, dass sie, seitdem keine Feste mehr im Garten stattfänden, über das gesamte Jahr nur noch soviel Bier ausschenkten wie vordem in einer Woche.

Blick auf das Naturtheater

Neues Unglück erfuhr der Garten in der Napoleonzeit. Zwar hatte der Korse 1806 den Beitritt Sachsens zum Rheinbund mit der Erhebung zum Königreich belohnt, doch stand solch äußerem Glanz die Verwicklung des Landes in die kriegerischen Auseinandersetzungen Frankreichs mit Preußen, Russland und Österreich gegenüber. Nach dem in Russland erlittenen Debakel der Grande Armée kam es im Frühjahr 1813 auch in Deutschland zur Erhebung gegen die verhasste Fremdherrschaft. Während des Waffenstillstandes von Poischwitz suchte daher Napoleon von Dresden aus die letzten Reserven zur Aufrechterhaltung seiner wankenden Herrschaft über Europa zu mobilisieren. Am 6. Juli inspizierte er auf einem Erkundungsritt in die Umgebung der Stadt auch Großsedlitz. Im Herbst jenes Jahres wurde der Garten zum Kampfplatz, denn als nach der Schlacht bei Kulm die Reste der den Verbündeten unterlegenen Armee Marschall Vandammes über das Erzgebirge auf Dresden zu flüchteten,

Von 1763 bis zur Napoleonzeit

kam es hier Anfang September zu Gefechten zwischen Franzosen und Russen. Vor dem »heftigen Treilleurfeuer« musste damals der Hofgärtner Behling samt Familie in der Unteren Orangerie Schutz suchen. Ähnliche Geschehnisse wiederholten sich im Oktober und führten zu umfangreichen Verwüstungen in der Gartenanlage; zudem steckten umherziehende Truppen am 22. Oktober das an der Müglitz gelegene Maschinenhaus der Wasserkunst in Brand. Erst nach der am 11. November erfolgten Kapitulation der französischen Besatzung von Dresden zogen sich die fremden Heeresteile zurück. In Großsedlitz aber grassierte das Nervenfieber, wobei Kranke und Verwundete noch lange das zum Lazarett gewordene Schloss belegten.

Wiederherstellung des Gartens im 19. Jahrhundert

Der vom Kriegsgeschehen schwer betroffene Garten verblieb zunächst in jenem Zustand, da für Instandsetzungen die Mittel fehlten. Bereits 1815 hatte man eine Wiederherstellung des zerstörten Wasserversorgungssystems aufgegeben. Um zumindest einige der Fontänen betreiben zu können, kam es bald danach zum Verlegen einer neuen Wasserleitung, die von einem hinter der Oberen Orangerie befindlichen Brunnen in den Garten führte. Das große Reservoir aber diente noch um 1835 als Gondelteich und wurde später verfüllt.

Aufgrund der Verfassungsurkunde von 1831 war das königliche Kammergut Großsedlitz an den Staat gefallen,

Der Garten mit Schloss, Reitertreppe und Oberer Orangerie. Lithographie von Wilhelm Peters, um 1840

doch blieben Garten und Schloss dem König und seiner Familie zur freien Benutzung vorbehalten. Auch wurde der Park bald zum bevorzugten Ausflugsziel der Pirnaer Bürger. Einer von Friedrich August Wendler um 1833 verfassten Beschreibung zufolge führte damals der Zugang »durch die Hausflur des Hofgärtners. Sobald man durch dieselbe getreten ist, sieht man zuerst links und rechts Beete wohl der schönsten Blumen und seltener Pflanzen, die in Treibhäusern mit Fleiß und Kunst gezogen sind«. Jene Eingangssituation bestand bis 1854; dann gelangte man über eine Sandsteintreppe an der Südseite des Gärtnerhauses in den Garten. Zudem war der Hofgärtner berechtigt, interessierte Besucher im Schloss »herumzuführen«, doch bemerkt Wendler, dass es »niemand bewohnt …, und dennoch wird alles schön in Stand gehalten«.

Inzwischen hatten die in Deutschland durch die Befreiungskriege geförderten patriotischen Bestrebungen eine Rückbesinnung auf die eigene Vergangenheit bewirkt und das Interesse an deren Denkmalen geweckt. Daher mehrten sich Mitte der Vierzigerjahre Stimmen, die eine Restaurierung der Gartenanlage forderten, was die Unterstützung König Friedrich Augusts II. und nach dessen tragischem Tode 1854 auch König Johanns fand. So begann bereits 1846 das Restaurieren beschädigter Statuen, während man 1852 die Wiederherstellung der Balustraden sowie der großen, den oberen und unteren Gartenbereich miteinander verbindenden Freitreppen in Angriff nahm. Auch die »Stille Musik« wurde in das Instandsetzungsprogramm einbezogen und 1868 folgten Reparaturen an den Doppelstatuen im Parterre d'eau. Hierbei lassen sich Umsetzungen von plastischen Bildwerken nicht ausschließen: Sie betrafen vor allem den Bereich des Bowlinggreen mit dem seiner Ostseite folgenden Rundplatz, leider ließen solche Maßnahmen das ohnehin nicht überlieferte barocke Bildprogramm noch unklarer werden.

Folgende Doppelseite: Untere Orangerie (nach Umbau von 1861/64)

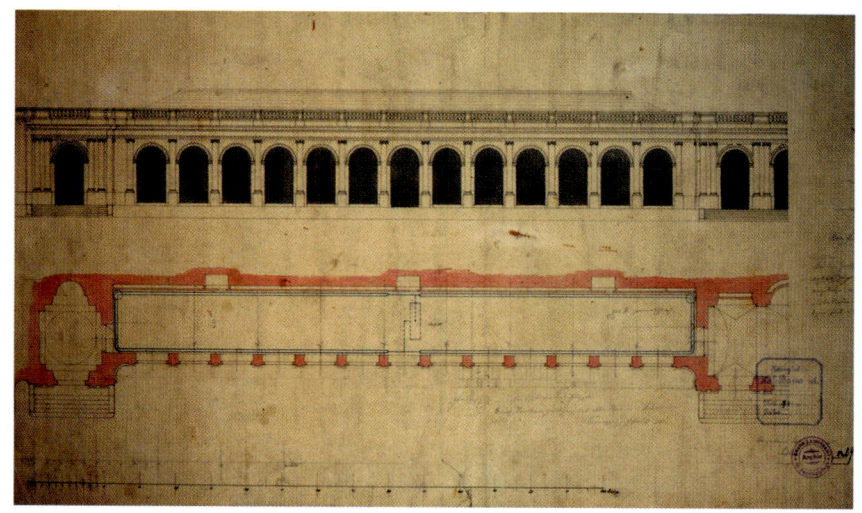

Entwurf zum Umbau der Unteren Orangerie. Anonyme, aquarellierte Federzeichnung, um 1860. Landesamt für Denkmalpflege Sachsen

Ein weiteres Vorhaben folgte mit dem Umbau der Unteren Orangerie, die sich wegen eingedrungener Feuchtigkeit in unbenutzbarem Zustand befand. Bei der 1861 bis 1864 vorgenommenen Erneuerung wurden jedoch die äußeren Formen verändert, so dass nun eine monotone Reihung der in ihrer Anzahl verringerten und in den Formaten vergrößerten Fenster dem Bauwerk seine ursprüngliche Rhythmik nahm. Hier fanden die bisher in der Oberen Orangerie untergekommenen 80 Orangenbäume eine neue Heimstatt, wobei sie 1880 um 50 Stück aus dem Dresdener Zwinger vermehrt wurden. Nachdem 1865/66 durch das Erneuern eines schadhaften, noch aus der Zeit Wackerbarths stammenden Abwasserkanals auch die Verschlammung des unteren Orangerieparterres beseitigt worden war, konnten dort erneut die wertvollen Gewächse den Sommer über zur Aufstellung kommen.

Ebenso kam es damals zur Veränderung des Schlosses, wo neben altersbedingten Schäden die zeitweise Nutzung als Lazarett und Unterkunft für Obdachlose ihre Spuren hinterlassen hatte. Nachdem wohl aus Kostengründen eine Erhaltung des Baukörpers ausschied, entschloss man sich zu seinem Abbruch und zur anschließenden Errichtung eines auf die Fläche des nordöstlichen Seitenflügels reduzierten Neubaues. Das Aufführen dieses so genannten Friedrichschlösschens erfolgte bis 1874 nach Plänen des Hofbaumeisters Bernhard Krüger. Er griff bei der Fassadengestaltung bewusst auf den Formenschatz des klassizierenden sächsischen Spätbarocks zurück, ohne freilich wesentliche Bezüge zur maßvollen Gliederung der Fronten des wackerbarthschen Schlosses zu suchen: So bedeckt den gleichfalls zweigeschossigen Baukörper ein abgewalmtes Mansarddach; dazu werden die beiden Hauptschauseiten durch einen Mittelrisalit mit abschließendem Dreiecksgiebel betont. Auch war der nach dem oberen Orangerieparterre weisenden Front eine kleine Terrasse vorgelegt, deren doppelte Freitreppe später einem axial angeordneten Stufenlauf weichen musste. Hingegen zeigt im Inneren zumindest der Grundriss des Erdgeschosses eine Anlehnung an die ursprüngliche Disposition mit dem Gartensaal. Verlor durch Wegfall des alten Schlosses die nordwestliche Zufahrtsallee ihren point de vue, so fehlte nun der sich in der »Reitertreppe« allein noch markierenden Hauptsymmetrieachse des wackerbarthschen Gartens ein Ausgangspunkt, so dass sie in keiner Beziehung mehr zum Gesamtensemble stand. Indes geschahen jene Veränderungen in einer Zeit, die noch keine wissenschaftlich betriebene Denkmalpflege kannte. Dennoch wurde damals der Garten in den Formen wiederhergestellt, wie er bis heute erlebbar ist. Dies bedeutete seine Rettung vor dem sicheren Verfall, was im Hinblick auf den einmaligen Charakter der Anlage solche Missgriffe, wie sie mit dem Umbau der Unteren Orangerie oder dem Abbruch des alten Schlosses geschahen, als sekundär erscheinen lässt.

Zwischen den beiden Weltkriegen

Seit der Jahrhundertwende war in Großsedlitz wieder Ruhe eingekehrt. Nur selten besuchten Mitglieder der königlichen Familie den Garten, während der Hofgärtner wie in früheren Zeiten »für die königliche Tafel viele Gartenfrüchte und treffliches Obst« zog. Die vereinzelten Besucher jedoch beeindruckte weniger das Gesamtkunstwerk, sondern sein sich jetzt verselbstständigender, naturhafter Charakter. Bald aber brachten die Jahre des Ersten Weltkrieges durch eine zunehmende Notsituation für die Pflege der Anlage vielerlei Hemmnisse. Am Ende jener Entwicklung stand mit dem Untergang des deutschen Kaiserreiches im November 1918 das Ausrufen der Republik Sachsen und der Thronverzicht König Friedrich Augusts III., womit die über 800 Jahre während Herrschaft des Hauses Wettin ihren Abschluss fand.

Danach gestattete die schwierige Wirtschaftslage der Nachkriegsjahre auch für Großsedlitz kaum Erhaltungsarbeiten, so dass man sich damit abfand, den Garten »in Schönheit sterben« zu lassen. Zudem erfroren im strengen Winter 1928/29 aufgrund eines Heizungsausfalls sämtliche Orangen- und Zitrusbäume, während 1933 ein Wirbelsturm vor allem im Boskett schwere Verwüstungen anrichtete.

Inzwischen hatte jedoch der kompromisslose Einsatz Cornelius Gurlitts für den damals verpönten Barock eine Sinneswandlung bewirkt, und auch der sächsische Obergartendirektor Friedrich Bouché bezeichnete 1926 den Garten als ein »in unserem Vaterlande einzig dastehende(s) Werk der Gartenkunst«. Dass aber 1930 eine vorerst bis 1939 andauernde Rekonstruktion des Parkes beginnen konnte, bleibt dem nachhaltigen Engagement von Hermann Schüttauf zu danken, der seit Ende 1929 als Direktor der Staatlichen Gärten Sachsens wirkte. Sachkundige Unterstützung gab ihm hierbei Max van Daalen, ein Garten-

techniker, der im Frühjahr 1930 die Leitung der Schloss-
gartenverwaltung in Großsedlitz übernommen hatte.

Den Schwerpunkt der Maßnahmen bildete zunächst
eine zielgerichtete Erneuerung bzw. Wiederherstellung
bestandsgefährdeter oder bereits verschwundener Baum-
und Heckenpflanzungen, wobei Schüttauf erstmals für
Sachsen dem Restaurieren einer historischen Parkanlage
wissenschaftliche Aspekte zu Grunde legte. Ebenso erhielt
damals das untere Orangerieparterre sein bis heute nach-
wirkendes Erscheinungsbild durch ein Reduzieren der zu
dicht stehenden »Bienenkörbe«, was einen besseren
Raumeindruck bewirkte. Ebenso diente das unter der Leitung von Schüttauf zwischen 1932 und 1937 angefertigte
Aufmaß der Anlage als Grundlage für ihre künftige Pflege.

Die Nationalsozialisten nutzten das Friedrichschlösschen als »weltanschauliche Schulungsstätte« und ver-
drängten damit das hier seit 1924 untergebrachte Kin-
dererholungsheim der Arbeiterwohlfahrt Sachsen. Nun
wurden dort die »Maiden« des weiblichen Reichsarbeits-
dienstes und Angehörige der Hitlerjugend mit der nazis-
tischen Ideologie vertraut gemacht und auf den Krieg
vorbereitet. 1939 setzte der Ausbruch des Zweiten Weltkrieges den kontinuierlichen Pflegemaßnahmen ein vor-
läufiges Ende, doch erlitt der Garten zumindest keine
Kriegszerstörungen.

Untere Orangerie mit dem davor gelegenen Orangerieparterre. Historische
Aufnahme

Von 1945 bis zur Wende 1989

Dafür zeigte sich die Anlage bei Kriegsende hochgradig verwildert, zumal nun ihre Rasenflächen dem Anbau von Gemüse zur Versorgung der Bevölkerung dienten. Erst nach der Übernahme des Gartens in die Rechtsträgerschaft des damaligen Rates des Kreises Pirna konnten schrittweise die dringlichsten Instandsetzungen vorgenommen werden. Hermann Schüttauf, seit seiner Rückkehr aus dem Krieg wieder das Amt des Direktors der Staatlichen Gärten Sachsens ausübend, konzentrierte sich zudem auf eine Wiederherstellung des verloren gegangenen Hecken- und Baumbestandes entlang der Ostseite des Parkes. Einen Rückschlag bedeutete freilich die zum 31. Januar 1949 wohl aufgrund von Haushaltskürzungen verfügte Entlassung Schüttaufs, doch blieb er bis zu seinem Tode 1967 als freischaffender Gartenarchitekt weiterhin für Großsedlitz tätig.

Seit 1952 erfolgten die Arbeiten unter zunehmender Mitwirkung des damaligen Instituts für Denkmalpflege, Arbeitsstelle Dresden. Ihnen lag das Ziel zu Grunde, den typischen Charakter der Anlage wie auch ihre Beziehungen zur umliegenden Landschaft bei Berücksichtigung neuzeitlicher Forderungen erlebbar zu machen. Zudem kam der Park durch Rechtsträgerwechsel am 1. Juli 1954 in die Obhut des Rates der Stadt Heidenau, der jetzt die amtliche Bezeichnung »Barockgarten Großsedlitz« beschloss.

Neben Ansätzen zur Wiederherstellung der Wasserkünste wurden in der Folgezeit Reparaturen an Stützmauern und Freitreppen durchgeführt; ebenso gewann seit 1960 das Restaurieren von Skulpturen stärkere Bedeutung. Auch entstand damals auf Initiative des damaligen sächsischen Landeskonservators Dr. Hans Nadler ein repräsentativer Gartenzugang auf der Nebenachse oberhalb der Doppeltreppe am Bowlinggreen. Hierzu verwendete man das Hofportal vom ehemaligen Dresdener Landhaus, das 1957 der Verbreiterung der Ernst-Thälmann-Straße (heute Wilsdruffer Straße) weichen musste. Geschaffen 1781 vom Dresdener Bildhauer Johann Christian Feige d. J., ist es mit dem einladenden Gestus seiner gebogenen Tormauern noch dem Geist des Barock verpflichtet, der freilich von einer klassischen Grundhaltung überlagert erscheint. Diese Eigenart sichert dem Portal seine harmonische Einordnung in das von ähnlichen Gestaltungsprinzipien ausgehende Gartenensemble.

Schließlich begann 1967 die Neugestaltung des Friedrichschlösschens: Bis dahin Zweigstelle des Kreiskrankenhauses Heidenau, erfolgte nun sein Ausbau zu einer niveauvollen Gaststätte, die im Juli 1970 eröffnet werden konnte. Zugleich waren die Fassaden von ihren neubarocken Schmuckformen bereinigt worden. Danach erhielten sie eine im Aufbau dem Entwurf Knöffels folgende illusionistische Bemalung, deren ockerfarbene Pilaster und Putzspiegel auf weißem Grund stehen. Diese Stilstufe einer Zurückführung auf das rein Architektonische zeigt gleichfalls die 1976 vorgenommene Abfärbung der Oberen Orangerie.

Daneben kam es im Garten zu weiteren praktischen Umsetzungen der von Hermann Schüttauf angeregten Pflegemaßnahmen. Sie konzentrierten sich auf Verjüngungen im südlichen Parkteil und auf die Neugestaltung des oberen Orangerieparterres, während 1975 die Rekonstruktion der Waldquartiere samt dem Wiederherstellen der Sichtachsen begann. Freilich ließ die sich seit 1980 verstärkende Krisensituation in der DDR das Rekonstruktionsprogramm nicht unberührt, so dass bald Material- und Geldmangel sowie das Fehlen von Arbeitskräften die Pflege des Gartens auf ein Wahren des äußeren Bildes beschränkte.

Der Neubeginn

Nach der Wende eröffneten sich auch für den Barockgarten Großsedlitz vielfältige Möglichkeiten zur Erhaltung, Pflege und Weiterentwicklung überkommener Strukturen. Dem kam entgegen, dass die Anlage am 1. Januar 1992 aus dem Verantwortungsbereich der Gemeinde Heidenau entlassen wurde und in das Eigentum des am 3. Oktober 1990 neu gegründeten Freistaates Sachsen überging. Zudem kam es am 1. Juli 1993 zur Übernahme des Parkes als Staatlicher Schlossbetrieb unter Betreuung der Sächsischen Schlösserverwaltung im Landesamt für Finanzen. Damit konnte ein komplexes Rekonstruktions- und Pflegeprogramm eingeleitet werden, das den Garten heute in einem Zustand zeigt, wie er vordem seit mehr als einem halben Jahrhundert nicht mehr bestand.

Gehölzpflege

Der visuelle Eindruck der Gartenräume unterlag im Laufe der Zeit durch Pflanzenwachstum und Geschmackswandel Veränderungen, wie auch die Artenvielfalt Reduzierungen erfuhr. So heißt es bereits in einem an August den Starken gerichteten Brief Wackerbarths vom 20. Juni 1726, dass es in Großsedlitz »größtentheils mit auff Garthensachen ankäme, welche unumbgänglich Zeit zum Wachsthumb erforderten, deßhalben man auch damit nicht früh genug den Anfang machen könne …«. Leider dokumentiert sich die einstige pflanzliche Ausstattung der Anlage nur spärlich. Die von Friedrich Zacharias Saltzmann stammende früheste bekannte Beschreibung von 1750 enthält nur unvollständige Angaben zum pflanzlichen Bestand und auch Friedrich August Wendler geht in seinem Führer aus der Zeit um 1833 nur summarisch darauf ein.

Heute bestimmen die Sommer- und Winterlinde sowie die Hainbuche als Hecke den Gehölzbestand des Gartens, hatte doch auch Hermann Schüttauf bei seinen Verjüngungsmaßnahmen keinen grundsätzlichen Wechsel der Gehölzarten vorgenommen. Nur ein geringer Teil davon weist ein Alter von 255 bis 270 Jahren auf, wobei seiner möglichst langen Erhaltung das besondere konservatorische Bemühen gilt.

In Großsedlitz war während der zurückliegenden 50 bis 70 Jahre ein kontinuierlicher Pflegeschnitt der Bäume nicht mehr gegeben gewesen. Unterlassene Verjüngungen führten zu einem überalterten Baumbestand, was infolge Beschattung auch das Wachstum der Hecken in jenen Bereichen behinderte. Von verantwortlichen Mitarbeitern der Sächsischen Schlösserverwaltung, des Landesamtes für Denkmalpflege und des Schlossbetriebes Großsedlitz wurde deshalb eine Konzeption zur Rekonstruktion des Baumbestandes erarbeitet, mit dem Ziel, den Garten wieder als Gesamtkunstwerk erlebbar zu machen. So wird seit 1995 quartierweise das Absetzen bzw. der Rückschnitt

Rekonstruktion des Baumbestandes (Skulptur »Juno«)

Sommerschnitt der Formgehölze

der Bäume vorgenommen, um den Austrieb im Stammbereich zu fördern, einer Verkahlung entgegenzuwirken und perspektivisch einen geschlossenen Eindruck der Stammzonen in den Quartieren zu erreichen. Zugleich ermöglichen die damit verbesserten Lichtverhältnisse das Nachpflanzen schadhafter Heckengehölze.

Das Erhalten der somit wiederhergestellten Strukturen bedingt freilich einen regelmäßigen Pflegeschnitt, wobei

Der Neubeginn

die Rückschnitte im Kronenbereich der Bäume sowie das Freischneiden der Sichtachsen quartierweise im Rhythmus von etwa drei Jahren erfolgen. Hinzu kommt der jährlich durchzuführende Schnitt der Hecken und Formgehölze. Zu den letzteren zählen die Kastenlinden am Bowlinggreen sowie die »Bienenkörbe« im unteren Orangerieparterre, für deren Schnitt neben Handschere, Wasserwaage und Richtschnur auch Schnittschablonen zum Einsatz gelangen.

Zierpflanzen

Das heitere Kolorit jahreszeitlich bedingter Blumensorten im oberen Orangerieparterre entspricht den Gestaltungsprinzipien barocker Gärten. Hierbei werden die Früh-

Blumenschmuck im oberen Orangerieparterre

jahrs- bzw. Sommerblüher nach exakten Pflanzplänen, die sich an historischen Vorbildern orientieren, als von Buchsbaum eingefasste Rahmung der Rasenspiegel verwendet. Ihre Anpflanzung folgt dem barocken Grundsatz, dass der Betrachter beim Blick in die Längsrichtung der Rabatte den Eindruck eines emailleartig miteinander vermischten floralen Farbenspiels erhalten soll und die rhythmische Pflanzweise der niedrigen und höheren Arten erkennbar wird. Jährlich werden im Garten etwa 24 000 Frühjahrs- bzw. Sommerblüher angepflanzt, wobei deren Anzucht in der objekteigenen Gärtnerei erfolgt.

Kübelpflanzen

Die Großsedlitzer Tradition der Verwendung von Kübelpflanzen als Gartenschmuck geht bis auf den Grafen Wackerbarth zurück, wobei hier der als Pomeranze bekannten Bitterorange (Citrus aurantium) besondere Be-

Orangenbäume im unteren Orangerieparterre

Der Neubeginn

Kübelpflanzen vor der »Stillen Musik«

deutung zukommt. Mit den im Zeitraum von 1997 bis 1999 erfolgten Ankäufen von 145 Orangenbäumen aus der Toscana will der Schlossbetrieb das untere Orangerieparterre nach historischem Vorbild neu beleben: Damit konnten dort erstmals seit dem Verlust des Altbestandes im Winter 1928/29 über den Sommer des Jahres 2000 wieder Bitterorangen aufgestellt werden. Freilich bedürfen solche Pflanzen einer intensiven Pflege, die besondere Sensibi-

Kübelpflanzen   77

lität verlangt: Des Gärtners Stolz sind schöne, ebenmäßig geformte Kronen, tiefgrüne Blätter und duftende Blüten, wobei die Bäumchen ein reichliches Jahr benötigen, um von der Blüte zur Frucht zu reifen.

Rasenpflege

Die Rasenfläche des Gartens beträgt insgesamt 6,5 Hektar von 18 Hektar Gesamtgartenfläche und bedarf einer fast ganzjährigen Pflege. Dabei erfordert der Rasenschnitt die intensivste und zeitaufwendigste Arbeit innerhalb des Parkes, schrieb doch schon der Europareisende Johann Michael von Loën Anfang des 18. Jahrhunderts über solche Anlagen: »Die Wiesen werden so kurz gemäht, daß sie so dicht als zubereitete Stoffe erscheinen.« In Großsedlitz beginnt ab Mitte April der erste Schnitt und wiederholt sich alle zwei bis vier Wochen bis zum Spätherbst, wobei über ein Sechstel der Gesamtrasenfläche aufgrund der Geländebeschaffenheit mit dem Handrasenmäher bearbeitet werden muss.

Rasenschnitt im Bowlinggreen

Der Neubeginn

Die Skulpturen

Auch in Großsedlitz erhielt die Bildhauerkunst in dem als Synthese verschiedenartiger Künste wirkenden Gesamt-kunstwerk eine besondere Aufgabe, die dazu beitragen sollte, den Garten in eine Welt freudigen Daseins zu ver-wandeln. Hierbei dürfte den Plastiken ein Bildprogramm zugrunde gelegen haben, das zwar nicht überkam, aber wohl ebenfalls im Rahmen zeitgenössischer Themen und Themenbezüge blieb. Nach den in fast sämtlichen frühen Entwurfsplänen eingetragenen Postamenten sind ur-sprünglich 54 Skulpturen zur Aufstellung gekommen, was dem jetzigen Bestand annähernd entspricht. Hinzu kom-men noch mehrere Vasen sowie einige spätere Zufügun-gen, so dass der Garten heute über 70 plastische Werke enthält. Ihnen stehen freilich Verluste wie die Neptun-gruppe des »Eisbassins« oder eine Tritonenplastik im Treppenbrunnen am Bowlinggreen gegenüber. Für die zu-meist in älterer Literatur genannte Anzahl von 360 Bild-werken lassen sich indes keine Belege erbringen; sie mag in einem im 18. Jahrhundert üblichen Vergleich mit der

»Ceyx und Halkyone« (Rückenansicht)

Zahl der Tage eines Jahres ihren Ursprung finden. Ebenso bleibt die verschiedentlich vorkommende Meinung, Friedrich der Große habe Großsedlitzer Statuen während des Siebenjährigen Krieges nach Sanssouci verbringen lassen, ohne Beweis.

Das Erhalten der teilweise zu den reifsten Leistungen deutscher Barockkunst zählenden Statuen birgt ebenfalls vielfältige Probleme, die sich vor allem aus starker Umweltverschmutzung ergeben. Sie begründet sich vorwiegend aus einer extremen Schadstoffbelastung durch die nahe gelegenen Industriebetriebe des Ballungsgebietes Heidenau-Dohna-Pirna. Trotz der inzwischen zumeist vorgenommenen Stilllegungen jener Produktionsstätten zeigen aggressive Salze im Sandstein der Statuen weiterhin ihre zerstörende Nachwirkung.

Seit 1992 konnte für die Erhaltung des plastischen Gartenschmuckes mehr getan werden als in den vergangenen 50 Jahren. Innerhalb der letzten acht Jahre ist es dem Schlossbetrieb mit Unterstützung des Landesamtes für Denkmalpflege gelungen, sämtliche sandsteinernen Bildwerke und Skulpturen zu restaurieren oder zumindest mit einer Notsicherung zu versehen. Umfangreiche finanzielle Mittel stellten hierfür das Landesamt für Finanzen, die Kulturstiftung der Sparkasse und die Deutsche Bundesstiftung Umwelt zur Verfügung.

Als hilfreich erwies sich zudem das von der Deutschen Bundesstiftung Umwelt geförderte Projekt der Weiterentwicklung eines Acrylharz-Volltränkungs-Verfahrens für umweltgeschädigte Steinskulpturen, dessen wissenschaftliche Betreuung das Landesamt für Denkmalpflege übernahm. Die geborgenen kostbaren Originale und Fragmente fanden in einem hierzu eingerichteten Lapidarium ihre Aufstellung.

Rechte Seite: Figurengruppe »Ceyx und Halkyone« am Parterre d'eau

Der Neubeginn

Die Skulpturen

81

Baulichkeiten und Umgebungsschutz

Das Instandhalten aller baulichen Anlagen obliegt dem Staatshochbauamt Dresden. Zu den bisher erbrachten Leistungen zählen Sanierungen von Stützmauern und Freitreppen sowie des Gärtnerhauses; ebenso konnten Untere und Obere Orangerie nach aufwendigen Instandsetzungen zur öffentlichen Nutzung übergeben werden. Auch erhielt das Friedrichschlösschen im Erdgeschoss einen teilweisen Innenausbau als Café sowie eine umfangreiche Dachsanierung.

Untere Orangerie vor der Sanierung. Zustand 1992

Der Neubeginn

Anlage des Barockgartens Großsedlitz.
Luftbildaufnahme

Darüber hinaus dienten dem Erhalt der Grundstrukturen Flurstückskäufe, die das Parkareal von 12 auf 18 Hektar erweiterten. Zusammen mit Vermögenszuordnungen sollen sie die Voraussetzung zur Verdichtung der architektonischen Komponenten in Verbindung mit den differenziert gestalteten Gartenräumen schaffen. Hierzu zählt auch das Freihalten der für das Einbeziehen des Landschaftsraumes bedeutsamen Sichtachsen.

Der Neubeginn

Ausblick

Folgende Doppelseite: Unteres Orangerieparterre in Festbeleuchtung

Gingen nach der Wende die Besucherzahlen drastisch zurück, so zählt heute der Garten zu den touristischen Hauptanziehungspunkten der Dresdener Umgebung.

Ziel einer vom Schlossbetrieb erarbeiteten Nutzungskonzeption ist es deshalb, die Anlage unter Beachtung ihrer historischen Entwicklung als lebendigen Erlebnisbereich zu bewahren und einem breiten Publikum zu erschließen. In Verbindung mit einem Modell ist vorgesehen, dass der Schlossbetrieb künftig als Wirtschaftsbetrieb arbeitet, der seine Betriebskosten selbst trägt. Die Sicherung dieser Absicht soll vor allem durch ein attraktives Angebot an kulturellen Darbietungen wie auch durch Vermietung und Verpachtung bestimmter Bereiche erfolgen. Dem entsprechen bereits im Garten stattfindende

Zeitgemäße Nutzung der Unteren Orangerie nach Abschluss der Instandsetzung: Fotoausstellung und Plastiken von Hannes Schüler, 2001

Orchesterkonzerte, Chorsingen, Theaterspiele oder spezielle Kinderveranstaltungen.

Nach Abschluss der Baumaßnahmen sollen Räumlichkeiten trotz Erkennbarkeit ihrer ursprünglichen Funktion einer neuen Verwendung dienstbar gemacht werden. So wird die als Winterquartier für Kübelpflanzen nicht mehr benötigte Obere Orangerie nach ihrer Wiederherstellung als Sommercafé, Museumsshop und Standesamt genutzt. Hingegen finden im Sommer in der wieder dem Überwintern von Pflanzen dienenden Unteren Orangerie Ausstellungen sowie offizielle und private Festlichkeiten, Schulungen und Tagungen statt, wobei die aus Vermietung bzw. Verpachtung erzielten Einnahmen wesentlich zur Stärkung des Modells »Wirtschaftsbetrieb« beitragen. Ebenso sollen in Zukunft einzelne Gartenräume bestimmten Zwecken dienen, wie etwa das Obere Orangerieparterre samt Langschieben für Unterhaltungsspiele,

Sommerkonzert im Orangerieparterre

Ausblick

das Untere Orangerieparterre als Festraum im Grünen oder das Naturtheater für kleinere Aufführungen. Aus alldem bedingt sich indes eine hohe Eigenverantwortlichkeit des Schlossbetriebes unter der Grundvoraussetzung, dass diese zeitgemäße wirtschaftliche Nutzung der Anlage nicht dem Denkmalgedanken widerspricht.

Festlicher Ausklang mit Feuerwerk hinter der Unteren Orangerie

Somit besteht schon heute die Attraktivität des Groß-sedlitzer Gartenensembles in einer sinnvollen Mehrfach-nutzung , womit sich die Anlage wieder ihrer ursprüngli-chen Zweckbestimmung als gartenkünstlerischer Rahmen für Feste und Unterhaltung nähert. Der Park wird dabei in den Rang eines breit wirkenden, auch international be-deutsamen Kulturzentrums gesteigert, in dem historische Funktionen mit neuen Inhalten ihre Weiterentwicklung erfahren. Hierbei kommt seiner Lage zwischen den bei-den Naturräumen des Dresdener Elbtales und des Elbsandsteingebirges besondere Bedeutung zu: Sie ergibt sich sowohl aus den landschaftlichen Anbindungen als auch aus der geschichtlichen Erinnerung.

Ausgewählte Literatur

Abendroth, Gustav Adolf: Großsedlitz. Geschichte des Königlichen Schlosses und Gartens und Erklärung der Statuen des Parkes. 2. verbess. Aufl., Dresden, 1881.

Bergmeyer, Winfried; Kobler, Friedrich: Heidenau-Großsedlitz. In: Georg Dehio, Handbuch der deutschen Kunstdenkmäler, Sachsen I, Regierungsbezirk Dresden. München; Berlin, 1996, S. 434–437.

Czok, Karl: Geschichte Sachsens. Weimar, 1989.

Franz, Heinrich Gerhard: Zacharias Longuelune und die Baukunst des 18. Jahrhunderts in Dresden. Berlin, 1953.

Grafe, Adolf: Der Garten von Großsedlitz (Geschichtliche Wanderfahrten 22). Dresden, 1932.

Grafe, Adolf: Feste des 18. Jahrhunderts im Park von Großsedlitz. In: Über Berg und Tal 56 (1933), Nr. 6, S. 91–94.

Hartmann, Hans-Günther: Großsedlitz. Ein Königstraum als Denkmal barocker Gartenkunst. Weimar, 1999.

Hennebo, Dieter; Alfred Hoffmann: Geschichte der deutschen Gartenkunst. 3 Bde. Hamburg, 1962–1965.

Hentschel, Walter: Die Zentralbauprojekte Augusts des Starken. Ein Beitrag zur Rolle des Bauherrn im deutschen Barock (Abhandlungen der Sächsischen Akademie der Wissenschaften, Philologisch-historische Klasse, Bd. 60, H. 1). Berlin, 1969.

Hentschel, Walter; May, Walter: Johann Christoph Knöffel. Der Architekt des sächsischen Rokoko (Abhandlungen der Sächsischen Akademie der Wissenschaften, Philol.-hist. Klasse, Bd. 64, H. 1). Berlin 1973.

Herzog, Rainer: Zur Regenerierung von Baumpflanzungen im regelmäßigen Garten, dargestellt am Beispiel des Barockgartens Großsedlitz. In: Schriftenreihe der Sektion Architektur, TU Dresden, H. 14 (1979), S. 67–69.

Herzog, Rainer: Hermann Schüttauf (1890–1967) und Groß-Sedlitz. In: Das Gartenamt 40 (1991), September, S. 572–577.

Kiesewetter, Arndt: Die Sandsteinskulpturen von Großsedlitz und ihre Erhaltung. In: Jahrbuch der Staatlichen
Schlösser, Burgen und Gärten in Sachsen, Bd. 4, Dresden, 1997, S. 198-203.

Koch, Hugo: Sächsische Gartenkunst. Berlin, 1910. Re-
print Beucha, 1999.

Löffler, Fritz: Das alte Dresden. Geschichte seiner Bauten. 14. Aufl. Leipzig, 1999.

Magirius, Heinrich: Geschichte der Denkmalpflege.
Sachsen. Von den Anfängen bis zum Neubeginn 1945.
Berlin 1989.

Matthäus Daniel Pöppelmann. Der Architekt des Dresdner Zwingers. Hrsg. von Harald Marx. Leipzig, 1989.

Meiche, Alfred: Historisch-topographische Beschreibung
der Amtshauptmannschaft Pirna. Dresden, 1927.

Mertens, Klaus: Der Park zu Großsedlitz. Eine Untersu-
chung der Planung. 2 Bde. Ing.-Diss. TH Dresden, 1962
(Maschinenschrift).

Pfotenhauer, Angelika: Barock in Sachsen (monumente
edition). Hrsg. von der Deutschen Stiftung Denkmal-
schutz. Bonn, 2000. (Großsedlitz S. 80-89).

Ruby, Simone: Raumbildung und pflanzliche Ausstat-
tung im Barockgarten Großsedlitz. In: Jahrbuch der
Staatlichen Schlösser, Burgen und Gärten in Sachsen.
Dresden, 1998. Bd. 5, S. 146-163.

Staatlicher Schlossbetrieb Barockgarten Großsedlitz (Jah-
resbericht). In: Jahrbuch der Staatlichen Schlösser,
Burgen und Gärten in Sachsen. Hrsg. von der Sächsischen Schlösserverwaltung im Landesamt für Finanzen.
Dresden, 1993 ff.

Steche, Richard: Beschreibende Darstellung der älteren
Bau- und Kunstdenkmäler des Königreichs Sachsen,
H. 1 (Amtshauptmannschaft Pirna). Dresden, 1882.
(Großsedlitz S. 25-27).

Wendler, (Friedrich August): Das Königliche Schloss und
der Garten zu Gross Sedlitz. Pirna, o. J. (um 1833).

Bildnachweis

Arndt: S. 82

Boswank, Herbert, Dresden: S. 45, 46, 47, 52, 53, 60, 73, 76, 77, 86/87, 88, 89

Hartmann, Hans-Günther, Bautzen: S. 16, 18

Hesselbarth, Rolf, Dresden: S. 12

Kluvetasch, Johann, Heidenau: S. 50

Landesamt für Denkmalpflege Sachsen: S. 34, 66

Nicolaus, Sabine, Dresden: S. 85

Pitzschel, Frithjof, Heidenau: Frontispiz, S. 27, 42/43

Pohle, Christa, Heidenau: S. 14, 15, 26, 37, 38, 39, 41, 49, 51, 64/65, 74, 75, 78, 81, 83

Sächsisches Hauptstaatsarchiv Dresden: S. 21, 32, 35

Sächsische Landes- und Universitätsbibliothek, Abt. Deutsche Fotothek Dresden: S. 23, 24, 30, 58, 62

Sächsische Schlösserverwaltung Dresden: Herbert Boswank: S. 28/29; Jürgen Karpinski: S. 36, 40

Schöner, H.-J.: S. 84

Seifert, André, Heidenau: S. 79

Staatliche Kunstsammlungen Dresden, Münzkabinett: S. 57

Stadtmuseum Dresden: S. 17

Weber, Klaus-Dieter, Pirna: S. 13, 48, 56

Sachsen-Anhalt

Torgau

14

Leipzig

Riesa

12

15

16

17

13

18

14

Meiße R.

Freiberg

4

Meerane

Chemnitz

21

Crimmitschau

Glauchau

Freistaat
Thüringen

Zwickau

20

19

Aue

Plauen

72

Freistaat
Bayern

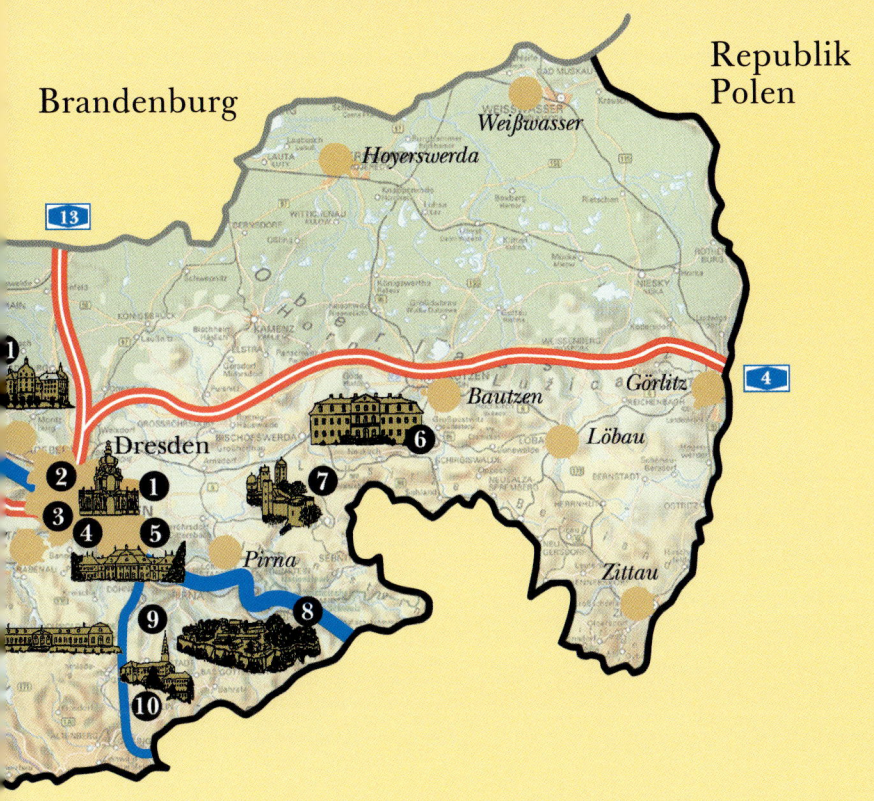

Brandenburg

Republik
Polen

Weißwasser

Hoyerswerda

13

Görlitz

4

Bautzen

Löbau

Dresden

6

2
3
4

1

5

7

Pirna

Zittau

8

9

10

Tschechische Republik

Freistaat Sachsen

Sächsische Schlösserverwaltung im Landesamt für Finanzen
Stauffenbergallee 2, 01099 Dresden
Telefon (03 51) 8 27 46 32, Fax (03 51) 8 27 46 02
Internet: www.sachsen.de/schloesser